KB272303

탈출자

당신은 가난에서 탈출하고 싶은가?

ranker

탈출자

당신은 가난에서 탈출하고 싶은가?

1판 1쇄 인쇄 | 2026년 4월 1일
1판 1쇄 발행 | 2026년 4월 5일

지은이 | 랭커
펴낸이 | 최성준
책임편집 | 나비
전자책 제작 | 모카
종이책 제작 | 갑우문화사
펴낸곳 | 나비소리(nabisori)
주소 | 수원시 팔달구 효원로 249번길 46-15
등록번호 | 제2021-000063호
등록일자 | 2021년 12월 20일

상점 | www.nabisori.shop.
서재 | https://fliphtml5.com/bookcase/uedwf/
투고 | nabi_sori@daum.net

책 값은 뒤표지에 있습니다.
파본은 구입처에서 교환해 드립니다.

ISBN | 979-11-92624-37-2(03320)

검인생략

박민수(제네시스박)

유튜브 〈채널 제네시스박〉 운영

빌딩진영쌤

나는 건물주로 살기로 했다 저자

부비게이터

나는 청약 통장을 버리고 경매로 건물주가 되었다 저자

성선화

주식으로 짠투자하라 저자

서현옥 마스터

빌딩진영쌤 부동산 중개 대표

안규호

안대장. 세일즈랩 대표

제이로드

숏폼 퍼널 설계자

훨훨

플랩자산연구소 대표

당신의 삶은 지금, 탈줄이 필요하다.

대부분의 사람은 자신이 어디에 머물러 있는지 자각하지 못한 채 살아간다. 매일 반복되는 일상 속에서 큰 문제는 없어 보이고, 당장 견디기 힘든 고통도 없기 때문이다. 그래서 지금의 상태를 유지하는 것이 자연스럽고, 익숙한 흐름을 따르는 것이 안전하다고 느낀다.

하지만 어느 순간, 보이지 않던 차이가 삶의 간격으로 드러나기 시작한다. 누군가는 시간이 흐를수록 선택의 폭이 넓어지고, 누군가는 점점 선택지가 줄어든다. 같은 시간을 살아왔는데 삶의 방향이 전혀 다른 궤도로 이동해 있는 것이다.

이 차이는 어느 날 갑자기 만들어진 것이 아니다. 반복된 선택, 익숙한 사고방식, 그리고 당연하게 받아들여 온 기준들이 쌓이며 만들어진 결과다. 그리고 많은 경우 우리는 그 흐름 속에 머물러 있으면서도 그것이 흐름이라는 사실조차 인식하지 못한다.

나는 가난을 모르는 사람도 아니고, 부를 모르는 사람도 아니다. 살아오며 두 세계를 가까이에서 지켜볼 기회가 있었다. 돈 때문에 선택을 미루는 삶과, 돈 때문에 기회를 놓치지 않는 삶은 같은 사회 속에서도 전혀 다른 현실처럼 존재했다.

나는 특별한 환경에서 태어나지 않았다. 평범한 집에서 자랐고, 부모님이 가르쳐 준 것은 절약과 검소함이었다. 낭비하지 않는 습관, 모을 수 있을 때 모아야 한다는 태도, 빚을 지지 않는 삶의 안정성은 분명 의미 있는 가치였다.

**그러나 어느 순간부터 질문이 생겼다.
왜 절약만으로는 삶의 방향이 바뀌지 않는가.
왜 열심히 아끼며 살아도
경제적 여유는 멀게 느껴지는가.**

부자가 되는 방법에 대해서는 집에서 배울 수 없었다. 부모님 역시 평범한 삶을 살아오셨고, 투자나 자산에 관한 이야기는 일상의 주제가 아니었다. 돈은 지키는 대상이었지, 불리는 대상은 아니었다.

이 질문은 단순한 호기심에서 시작됐지만 점점 집요해졌다. 같은 사회에서 살아가는데 누군가는 시간이 지날수록 자유로워지고, 누군가는 점점 더 묶여 가는 이유를 알고 싶었다.

나는 사람들을 관찰하기 시작했다. 돈을 대하는 태도, 소비의 기준, 위험을 받아들이는 방식, 기회를 바라보는 시선, 실패를 해석하는 관점까지. 겉으로 드러난 결과보다 그 결과를 만들어내는 선택의 구조가 궁금했다. 그리고 깨닫게 되었다.

누군가는 같은 기회를 보고도 지나치고, 누군가는 같은 상황 속에서 방향을 바꾼다. 어떤 사람은 위험을 피하려다 기회를 놓치고, 어떤 사람은 계산된 위험을 감수하며 다음 단계로 이동한다. 차이는 운처럼 보이지만, 그 이면에는 반복된 선택의 패턴이 존재한다.

시대는 계속 변한다. 부의 흐름 역시 변한다. 과거의 방식이 항상 정답이 아니며, 새로운 기회는 다른 형태로 등장한다. 변화는 두려움의 대상이 아니라 관찰과 이해의 대상이었다. 그리고 한 가지 믿음을 갖게 되었다.

인생에는 누구에게나 방향을 바꿀 수 있는 순간이 온다. 그 순간을 알아보는 사람과 지나치는 사람의 차이가 시간이 흐른 뒤 삶의 차이를 만든다.

가난은 단순히 돈의 부족만을 의미하지 않는다. 선택의 제한, 기회의 축소, 가능성의 포기를 의미하기도 한다. 그리고 그 상태는 생각보다 오래 지속된다. 그러나 방향은 바꿀 수 있다.

선택은 바꿀 수 있다.
생각은 바꿀 수 있다.
탈출은 거창한 결심에서 시작되지 않는다.
지금의 위치를 자각하는 순간 시작된다.

이 책을 펼친 지금,
당신의 삶은 어디에 머물러 있는가.

그리고 이제,
당신은 그 자리에서 벗어날 준비가 되었는가.
탈출은 선택의 문제다.
그리고 그 선택은 지금 시작된다.

Contents

당신이 가난할 수밖에 없는 이유_ 017

당신은 가난에서 탈출하고 싶은가?

당신이 가난할 수밖에 없는 이유

사람들은 열심히 살면 언젠가 나아질 거라고 믿는다.
성실하게 일하고, 아껴 쓰고, 남들처럼 살아가면
시간이 흐를수록 삶은 안정되고
여유로워질 것으로 생각한다. 하지만 현실은 다르다.

10년 전보다 더 열심히 살고 있음에도 통장은 크게 달라지지 않았고, 집값은 멀어졌으며, 미래는 오히려 더 불안해졌다. 도대체 무엇이 잘못된 걸까. 많은 사람들은 운이 없었다고 말한다. 출발선이 달랐다고 말한다. 세상이 불공평하다고 말한다. 그 말들이 완전히 틀린 것은 아니다.

세상은 공평하지 않다.
기회는 균등하지 않다.
출발선 역시 다르다.

하지만 그것만으로 설명되지 않는 차이가 존재한다. 같은 시대를 살고, 같은 도시에서 일하며, 비슷한 소득을 벌면서도 어떤 사람은 점점 여유로워지고 어떤 사람은 여전히 제자리다. 이 차이는 운이 아니라 선택의 반복에서 만들어진다.

우리는 매일 선택한다. 무엇을 사고, 어디에 시간을 쓰고, 어떤 환경에 머물지 선택한다. 그리고 그 선택은 생각보다 조용하고 느리게 삶의 방향을 바꾼다. 문제는 대부분의 사람이 그 선택이 인생을 어디로 데려가는지 자각하지 못한 채 살아간다는 것이다. 돈이 없다고 말하면서도 돈이 남지 않는 구조 속에서 살아가고, 미래가 불안하다고 말하면서도 지금의 만족을 위해 소비를 반복하며, 기회가 없다고 말하면서도 기회를 준비하는 행동은 미룬다. 이 모든 선택은 합리적으로 보인다.

당장 삶을 유지해야 하고, 지금의 스트레스를 해소해야 하며, 남들처럼 살고 싶기 때문이다. 그래서 누구도 자신이 잘못된 선택을 하고 있다고 느끼지 않는다. 그러나 시간이 흐르면 이 작은 선택들은 방향을 만든다.

어떤 사람은 자산이 쌓이고,

어떤 사람은 소비가 쌓인다.

어떤 사람은 미래를 설계하고,

어떤 사람은 현재를 버티며 살아간다.

그리고 어느 순간, 격차는 되돌릴 수 없을 만큼 벌어진다. 가난은 어느 날 갑자기 찾아오지 않는다. 그것은 반복된 선택이 만든 결과이며, 익숙한 삶의 패턴이 만들어낸 방향이다. 더 무서운 사실은 많은 사람들이 이 구조 속에서 살면서도 자신이 갇혀 있다는 것을 깨닫지 못한다는 것이다. 우리는 가난해지기를 선택하지 않는다. 하지만 가난해질 가능성이 높은 선택을 매일 반복하며 살아간다. 그리고 그 선택들은 너무 평범하기 때문에 의심조차 받지 않는다.

이 파트에서는 열심히 살고 있음에도 불구하고 우리가 왜 같은 자리에서 벗어나지 못하는지에 대해 이야기하려 한다. 이는 누군가를 비난하기 위함이 아니다. 누군가의 잘못을 지적하기 위함도 아니다. 단지 우리가 반복해 온 선택과 그 선택이 만들어낸 구조를 이해하기 위함이다.

탈출은 이해에서 시작된다.

자신이 어디에 서 있는지 모른다면 어느 방향으로도 나아갈 수 없기 때
문이다. 이제, 우리가 왜 이 자리에서 벗어나지 못했는지 차분히 들여다
볼 시간이다. 그리고 이러한 이해는 당신을 탈출자로 만드는 첫걸음이
될 것이다.

돈이 없다고 말하지만,
돈이 없는 선택을 반복한다.

투자 이야기가 나오면 많은 사람들은 거의 같은 말을 한다.

> 지금은 돈이 없어,
>
> 여유가 생기면 그때 시작하려고"

이 말은 매우 현실적으로 들린다. 생활비와 대출, 각종 고정 지출을 감당하고 나면 실제로 남는 돈이 거의 없다고 느끼기 때문이다. 하지만 조금만 시간을 두고 그들의 소비 흐름을 자세히 살펴보면, 다른 모습이 드러난다.

당신이 가난할 수밖에 없는 이유

스마트폰은 아직 멀쩡하지만, 신제품이 나오면 바꾸고, 스트레스를 이유로 충동구매를 하며, 여행이나 취미 생활 비용은 카드 할부로 해결한다. 커피 한 잔, 배달 음식, 작은 쇼핑 같은 지출은 그 순간에는 부담스럽지 않지만, 시간이 지나면 결코 작지 않은 금액이 된다. 그럼에도 사람들은 여전히 투자할 돈은 없다고 말한다.

문제는 소득이 부족해서가 아니라 돈이 흘러가는 구조에 있다. 대부분의 사람은 소비를 먼저 하고 남는 돈으로 저축하거나 투자하려 한다. 하지만 소비가 기본값이 되어버린 구조에서는 남는 돈이 생길 가능성 자체가 낮다. 돈은 방향을 정해주지 않으면 가장 편한 길, 즉 소비로 흘러가기 때문이다.

또 하나 중요한 이유는 인간이 즉각적인 보상을 선호하도록 설계되어 있다는 점이다. 오늘의 편안함과 즐거움은 바로 체감되지만, 자산 형성의 효과는 오랜 시간이 지나야 드러난다. 우리는 미래의 이익보다 현재의 만족을 더 크게 느낀다. 그래서 장기적인 이익을 위해 소비를 줄이기보다, 지금의 만족을 선택하는 쪽으로 기울기 쉽다.

이 선택이 반복되면 소비는 습관이 되고, 자산 형성은 계속 미뤄진다. 시간이 흐르면 소득이 조금씩 늘어날 수 있지만, 소비 수준도 함께 상승하기 때문에 통장의 잔액은 크게 달라지지 않는다. 더 벌게 되었음에도 여전히 여유가 없는 상태가 지속되는 이유가 여기에 있다.

많은 사람들은 돈이 더 많아지면 투자를 시작하겠다고 말한다. 하지만 현실에서는 소득이 증가해도 소비 수준이 함께 올라가기 때문에 투자 여력은 쉽게 생기지 않는다. 결국 "여유가 생기면 시작하겠다"라는 말은 시작하지 못하는 이유로 남기 쉽다.

반대로 자산을 형성하는 사람들은 돈이 남아서 투자하지 않는다. 먼저 방향을 정하고, 그 방향에 맞게 소비를 조정한다. 소비 후 저축이 아니라, 저축과 투자 후 소비라는 구조를 만든다. 이 작은 순서의 차이가 시간이 흐르면서 엄청난 격차를 만든다.

가난은 어느 날 갑자기 찾아오는 사건이 아니다. 그것은 돈이 남지 않는 구조 속에서 살아가는 선택이 반복되면서 서서히 만들어지는 결과다. 우리는 가난해지기를 선택하지 않는다. 하지만 가난해질 가능성이 높은 구조 속에 머무르는 선택을 반복하며 살아간다. 그리고 더 무서운 사실은 이러한 선택들이 너무도 평범하고 일상적이기 때문에 문제로 인식조차 되지 않는다는 점이다.

주변 사람들도 비슷하게 살아가기 때문에, 지금의 방식이 특별히 잘못되었다고 느끼지 않는다. 하지만 자산의 격차는 바로 이 지점에서 시작된다. 소비가 기본값이 되는 삶과 자산 형성이 기본값이 되는 삶 사이에서, 시간은 전혀 다른 결과를 만들어낸다.

돈이 없어서 투자하지 못하는 것이 아니다.
투자하지 않는 구조 속에 머물러 있기 때문에 돈이 남지 않는 것일지도 모른다.
rent
food
coffee
entertainment
empty wallet
나는 정말 돈이 없는 걸까?
아니면 돈이 남지 않는 삶의 구조 속에서 살아가고 있는 것은 아닐까?
investment
investment
new boat
home
savings
나는 그 구조를 바꿀 것이다.
이제 돈이 남는 구조로...
investment
pengker

자동차는 바꾸면서
미래는 바꾸지 않는다.

자동차를 바꾸는 날은 인생에서 손꼽히는 설레는 순간이다.

새 차 문을 여는 순간의
냄새, 조용한 엔진 소리, 매끄러운 주행감은 그동안의 피로를 보상
받는 듯한 만족감을 준다. 많은 사람들에게 자동차는 단순한 이동 수
단이 아니라 자신을 위한 보상이며, 열심히 살아온 자신에게 주는 선
물처럼 느껴진다.

문제는 그 만족감이 오래 지속되지 않는다는 데 있다. 몇 달이 지나
면 새 차는 더 이상 특별하지 않다. 익숙해진 핸들 감각과 평범해진
실내는 더 이상 설렘을 주지 않는다. 그러나 매달 빠져나가는 할부

금은 그대로 남는다. 차량 가격, 보험료, 유지비, 세금까지 포함하면 자동차는 단순한 소비를 넘어 장기적인 재정 부담이 된다.

많은 사람들은 자동차를 바꾸는 이유를 안전, 편의성, 필요성이라고 설명한다. 물론 이러한 이유가 전혀 틀린 것은 아니다. 그러나 조금 더 깊이 들여다보면 그 선택 뒤에는 타인의 시선, 사회적 비교, 스스로에 대한 보상 심리가 함께 작용하고 있음을 발견하게 된다. 주변 사람들이 더 좋은 차를 타기 시작하면 현재의 차가 갑자기 초라하게 느껴지고, 자신의 노력에 걸맞은 보상을 받아야 한다는 생각이 들기 시작한다.

이때 우리는 미래의 선택권보다 현재의 만족을 우선순위에 둔다. 자동차 할부금은 매달 빠져나가지만, 그 비용이 미래의 기회를 줄이고 있다는 사실은 쉽게 체감되지 않는다. 자산을 형성할 수 있었던 돈이 소비로 전환되는 순간, 미래의 선택지는 조금씩 줄어든다. 그러나 이러한 변화는 너무 느리게 진행되기 때문에 위기감으로 느껴지지 않는다.

자동차 자체가 문제는 아니다. 문제는 소비의 타이밍과 우선순위다. 자산 형성이 이루어지기 전의 과도한 소비는 삶의 방향을 바꿀 수 있다. 반대로 자산이 충분히 형성된 이후의 소비는 삶의 질을 높이는 선택이 될 수 있다. 같은 소비라도 언제, 어떤 재정 상태에서 이루어지느냐에 따라 결과는 완전히 달라진다.

많은 사람들이 "지금 누리지 않으면 언제 누리겠나?"라고 말한다. 이 말은 틀리지 않았다. 삶은 현재를 살아가는 것이고, 오늘의 행복 역시 중요하다. 하지만 현재의 만족이 미래의 자유를 줄이고 있다면, 우리는 정말 더 많은 것을 누리고 있는 것일까.

자산을 형성한 사람들은 소비하지 않는 것이 아니라 소비의 순서를 다르게 둔다. 미래의 선택권을 먼저 확보한 뒤 현재의 만족을 선택 한다. 반대로 미래를 담보로 현재의 만족을 선택하면, 시간이 흐를 수록 선택의 폭은 좁아진다.

자동차를 바꾸는 순간 우리는 단순히 차를 선택하는 것이 아니라, 미 래의 시간과 기회를 함께 선택하고 있는지도 모른다. 그리고 그 선 택은 생각보다 오랫동안 삶에 영향을 미친다.

세상이 망한다는 말 뒤에 숨는 심리

경제 이야기가 시작되면 대화의 흐름은
종종 비슷한 방향으로 흘러간다.

집값이 올랐다는 뉴스가 나오면 누군가는 한숨을 쉬며 말한다. "이 나라는 답이 없어." 물가가 올랐다는 이야기가 나오면 "곧 경제가 무너질 거야"라는 말이 뒤따른다. 미래에 대한 불안이 커질수록 사람들은 더 단정적인 표현을 사용한다. 마치 이미 결론이 난 것처럼 이야기한다.

이러한 말들은 단순한 의견처럼 보이지만, 실제로는 행동을 멈추게 만드는 강력한 심리적 장치로 작용한다. 세상이 망할 것이라고 믿는 순간, 준비할 이유도 사라진다. 미래가 어두울 것이라 확신하면 지금의 선택이 큰 의미를 갖지 못하게 느껴진다. 노력해도 달라질 것이 없다고 생각하면 행동을 멈추는 것이 오히려 합리적으로 느껴진다.

불안한 시대일수록 사람들은 확실한 결론을 원한다. 불확실성을 견디는 일은 생각보다 고통스럽기 때문이다. 그래서 경제 상황이 복잡할수록 단순한 결론에 마음이 끌린다. "다 망한다." "끝났다" "기회는 없다"와 같은 표현은 상황을 단순하게 정리해 주고, 동시에 아무것도 하지 않아도 되는 명분을 제공한다.

하지만 역사를 돌아보면 어느 시대에도 기회가 완전히 사라진 적은 없었다. 경제 위기 속에서도 성장한 산업이 있었고, 변화의 시기에 새로운 부가 만들어졌다. 중요한 차이는 위기를 분석한 사람들과 위기를 단정한 사람들 사이에서 나타났다.

> 분석은 방향을 만들지만,
>
> 단정은 행동을 멈추게 만든다."

미래를 비관하는 태도는 스스로를 보호하려는 심리에서 출발하기도 한다. 기대하지 않으면 실망할 일도 없고, 도전하지 않으면 실패할 위험도 없다. 이처럼 비관은 마음을 지키는 방어 기제가 될 수 있지만, 동시에 가능성까지 차단하는 선택이 되기도 한다.

　　　　　　　　　　　당신이 가난할 수밖에 없는 이유

또 다른 이유는 집단 심리다. 주변 사람들이 모두 비슷한 불안을 이야기하면 그 감정은 빠르게 확산된다. 사람은 집단과 다른 방향으로 움직일 때 불안을 느낀다. 그래서 다수가 비관적인 전망을 공유할수록, 낙관적 행동을 선택하기는 더 어려워진다. 결국 많은 사람들이 움직이지 않는 상태에 머무르게 된다.

행동을 멈춘 시간은 눈에 보이지 않지만 분명한 차이를 만든다. 준비하지 않는 기간이 길어질수록 선택지는 줄어들고, 변화에 대응할 수 있는 여지는 점점 좁아진다. 반대로 같은 불확실성 속에서도 정보를 탐색하고 작은 준비를 이어가는 사람들은 변화가 시작될 때 더 빠르게 움직일 수 있다.

세상이 불안정하다는 사실 자체가 문제는 아니다. 문제는 그 불안을 이유로 스스로의 가능성을 멈춰 세우는 순간이다. 미래는 예측할 수 없지만, 행동을 멈추는 선택이 결과를 결정짓는 경우는 많다. 우리는 종종 세상이 우리를 가로막고 있다고 느낀다. 그러나 때로는 세상에 대한 확신 어린 비관이 스스로의 발걸음을 붙잡고 있는지도 모른다.

> 그리고 그 멈춰 있는 시간 동안,
>
> 보이지 않는 격차는 조용히 벌어진다.”

투자를 도박이라 부르는 순간,
기회는 멀어진다.

누군가 주식으로 자산을 늘렸다는 이야기를 들으면
흔히 이런 반응이 따라온다.

"그건 운이 좋았던 거야." "주식은 도박이잖아." 부동산 가격이 올라 자산이 늘어났다는 이야기가 나오면 또 다른 말이 이어진다. "투기 덕분이지." "저건 정상적인 방법이 아니야." 이러한 반응은 특정 사례에 대한 판단처럼 보이지만, 그 이면에는 투자 자체를 위험한 행위로 규정하려는 인식이 자리 잡고 있다.

물론 모든 투자에는 위험이 존재한다. 시장은 변동하고, 가격은 오르기도 하고 내리기도 한다. 그러나 위험이 존재한다는 사실과 그것이 곧 도박이라는 의미는 동일하지 않다. 도박은 확률을 통제할 수 없고 기댓값이 음수인 구조 속에서 이루어지지만, 투자는 정보 분석과 시간, 분산, 판단을 통해 위험을 관리하고 기댓값을 높이는 행위다. 이 차이는 분명하지만, 겉으로 보이는 변동성 때문에 두 개념이 혼동되기 쉽다.

투자를 도박으로 인식하게 되는 이유 중 하나는 손실에 대한 두려움이다. 사람은 얻는 기쁨보다 잃는 고통을 더 크게 느낀다. 작은 손실 경험 하나가 오랜 시간 기억에 남고, 그 기억은 위험에 대한 인식을 과도하게 확대한다. 반면 장기적인 상승이나 자산 형성의 과정은 느리게 진행되기 때문에 체감되기 어렵다. 결과적으로 위험은 크게 느껴지고 기회는 적게 느껴진다.

또 다른 이유는 익숙하지 않음에서 비롯되는 불안이다. 자신이 잘 알지 못하는 영역일수록 위험하게 느껴진다. 주식 시장이나 부동산 시장의 움직임은 복잡해 보이고, 가격 변동은 예측하기 어려워 보인다. 이해되지 않는 움직임은 통제할 수 없다고 느끼게 하고, 통제할 수 없는 영역은 본능적으로 회피 대상이 된다.

주변의 경험 역시 인식 형성에 영향을 준다. 단기적인 가격 변동 속에서 손실을 경험한 사례는 강하게 기억되지만, 장기적인 보유를 통해 자산을 형성한 사례는 상대적으로 덜 주목받는다.

사람들은 극적인 실패 사례를 더 쉽게 떠올리기 때문에 투자 전체를 위험한 행위로 일반화하기 쉽다. 그러나 자산이 형성되는 과정은 대개 극적인 사건이 아니라 시간과 선택의 누적으로 이루어진다. 꾸준한 저축과 장기 보유, 분산된 투자, 시장 흐름에 대한 이해와 같은 요소들이 결합하여 결과를 만든다. 이러한 과정은 느리고 반복적이기 때문에 눈에 띄지 않지만, 시간이 흐를수록 차이를 만들어낸다.

투자를 도박으로 규정하는 인식은 행동을 멈추게 만드는 명분이 되기도 한다. 위험하다고 판단하면 시도하지 않아도 되고, 시도하지 않으면 실패할 가능성도 사라진다. 이처럼 위험 회피는 심리적 안정을 제공하지만 동시에 기회로부터 거리를 두게 만든다. 중요한 것은 모든 사람이 동일한 방식으로 투자해야 한다는 의미가 아니다. 각자의 상황과 위험 감수 수준에 따라 선택은 달라질 수 있다는 것이다. 다만 투자를 단순한 도박으로 규정하는 인식은 선택의 범위를 좁히고, 자산 형성의 가능성을 스스로 차단하는 결과로 이어질 수 있다.

가격의 변동성만을 바라보면 시장은 불안정하게 보인다. 그러나 시간의 흐름 속에서 보면 경제는 성장하고, 자산은 축적되며, 기회는 반복적으로 등장해 왔다. 이 흐름을 이해하려는 시도와 단순히 위험으로 단정하는 태도 사이에서 결과는 달라질 수 있다. 어쩌면 우리를 가로막고 있는 것은 위험 그 자체가 아니라, 위험에 대한 인식일지도 모른다.

> 그리고 그러한 인식이 행동을
>
> 멈추게 하는 순간,
>
> 가능성 역시 멀어지기 시작한다. ”

분노로 시장을 바라보는 순간
기회는 보이지 않는다.

집값이 올랐다는 뉴스가 나오면 사람들의 반응은 크게 갈린다.

누군가는 가격이 왜 상승했는지 원인을 분석하려 하고, 또 다른 누군가는 깊은 한숨과 함께 분노를 표출한다. "이건 정상적인 상황이 아니야." "이제 집은 평생 못 사." "이건 다 불공정한 구조 때문이야." 이러한 말들은 현실의 어려움을 반영하는 감정이기도 하지만, 동시에 사고를 멈추게 만드는 출발점이 되기도 한다.

가격 상승은 분명 많은 사람들에게 부담이 된다. 내 집 마련의 문턱은 높아지고, 상대적 박탈감은 커진다. 따라서 분노와 좌절감은 자연스러운 감정이다. 문제는 그 감정이 시장을 이해하려는 시도를 멈추게 만들 때 발생한다. 감정이 앞서면 원인을 분석하기보다 상황을 단정하게 되고, 단정은 행동 가능성을 좁힌다.

시장 가격은 단순한 숫자가 아니라 다양한 요인의 결과다. 인구 이동, 공급 부족, 금리 변화, 교통 인프라 확장, 직장·주거 근접성, 교육 환경 등 여러 요소가 복합적으로 작용한다. 가격 상승은 이러한 요인들이 특정 지역에 집중되었음을 의미하기도 한다. 그러나 분노가 먼저 올라오면 이러한 요소들을 살펴볼 여유가 사라진다.

감정은 즉각적인 반응을 만들어내지만, 이해는 시간이 필요한 과정이다. 분노는 빠르게 확산하지만, 분석은 조용히 이루어진다. 그래서 많은 사람들은 감정을 공유하며 위로를 얻지만, 분석을 통해 방향을 찾는 과정에는 참여하지 않는다. 이 차이는 시간이 흐르면서 정보의 격차로 이어진다.

또 다른 문제는 분노가 행동의 기준이 되는 순간 선택의 폭이 좁아진다는 점이다. 시장이 불공정하다고 느끼는 순간, 그 시장을 이해하거나 참여하려는 시도 자체가 의미 없게 느껴진다. 그러나 참여하지 않는 선택 역시 하나의 선택이며, 그 선택은 시간이 흐르면서 결과를 만들어낸다.

가격 상승은 누군가에게는 부담이지만, 누군가에게는 신호이기도 하다. 수요가 몰리고 환경이 개선되는 지역에는 변화가 집중된다. 이러한 변화는 특정 시점에서 갑자기 나타나는 것이 아니라, 이미 진행되고 있던 흐름이 수치로 드러난 결과다. 가격은 변화의 원인이 아니라 결과인 경우가 많다.

감정에 머물러 있으면 결과만 보이지만, 흐름을 이해하려 하면 과정이 보이기 시작한다. 그리고 과정이 보이기 시작할 때 선택의 가능성도 함께 보이기 시작한다. 시장을 바라보는 시선의 차이는 행동의 차이로 이어지고, 행동의 차이는 시간이 흐르면서 격차로 나타난다.

분노는 자연스러운 감정이지만, 그 감정이 시야를 가릴 때 우리는 중요한 정보를 놓칠 수 있다. 현실을 직시하는 것과 감정에 머무르는 것은 서로 다른 결과를 만든다. 감정은 상황을 설명하지만, 이해는 방향을 만든다.

우리는 때때로 시장이 우리를 배제하고 있다고 느낀다. 그러나 시장은 감정을 기준으로 움직이지 않는다. 흐름을 이해하려는 시도와 감정에 머무르는 태도 사이에서 보이는 것과 보이지 않는 것이 달라진다.

❝ 어쩌면 기회는 사라진 것이 아니라,

감정 뒤에 가려져 있었는지도 모른다.❞

그리고 그 감정이 걷히는 순간, 이전에는 보이지 않던 선택지가 서서히 모습을 드러내기 시작한다.

빠른 보상에는 과감하고
느린 보상에는 불안해한다.

**사람들은 위험을 싫어한다고 말하지만,
실제 행동을 보면 그렇지 않은 경우가 많다.**

누군가는 장기 투자를 망설이면서도 단기간에 결과가 나오는 선택에는 쉽게 돈을 쓴다. 스포츠 경기 결과에 돈을 걸거나, 로또를 구매하거나, 짧은 시간 안에 수익을 노리는 거래에 참여하는 행동은 특별한 일이 아니다. 이러한 선택은 합리적 판단이라기보다 감정과 본능에 더 가까운 반응이다.

즉각적인 결과가 주는 자극은 강력하다. 결과를 기다리는 시간이 짧을수록 긴장감과 기대감은 더 커지고, 결과가 나오는 순간 강한 감정적 보상이 뒤따른다. 이 과정에서 분비되는 도파민은 뇌에 강한 인상을 남긴다. 짧은 시간 안에 강한 감정을 경험할수록 그 경험은 반복을 유도한다.

반대로 시간이 필요한 선택은 불안감을 동반한다. 장기적인 자산 형성은 하루나 일주일 사이에 눈에 띄는 변화를 보여주지 않는다. 변화가 느릴수록 성취감은 희미하게 느껴지고, 기다림의 시간은 불확실성으로 인식되기 쉽다. 그래서 사람들은 느린 보상보다 빠른 자극을 선택하는 쪽으로 기울기 쉽다.

이러한 경향은 의지의 문제가 아니라 인간의 보상 체계와 관련이 있다. 우리의 뇌는 생존에 유리한 즉각적 보상을 선호하도록 진화해 왔다. 눈앞의 이익을 확보하는 것이 장기적인 이익을 기다리는 것보다 안전했기 때문이다. 그러나 현대 사회에서는 이러한 본능이 때로 장기적 이익을 방해하는 방향으로 작용하기도 한다.

또한 빠른 결과는 성취감을 즉시 확인할 수 있게 해준다. 짧은 시간 안에 얻는 작은 성공 경험은 스스로를 유능하게 느끼게 만들고, 이는 다시 같은 행동을 반복하도록 유도한다. 반면 장기적인 선택은 오랜 시간 동안 눈에 띄는 보상이 나타나지 않기 때문에 스스로의 선택이 옳은지 확신하기 어려워진다.

주변 환경 역시 이러한 행동을 강화한다. 단기간의 극적인 성공 사례는 쉽게 공유되고 강하게 기억된다. 반면 오랜 시간에 걸쳐 자산을 형성한 사례는 드라마틱하지 않기 때문에 주목받기 어렵다. 사람들은 눈에 띄는 이야기를 더 쉽게 떠올리며, 이는 현실을 인식하는 기준에 영향을 준다.

빠른 보상에 익숙해질수록 기다림은 더 어려워진다. 즉각적인 결과를 반복적으로 경험하면, 느린 변화는 정체처럼 느껴진다. 이때 장기적인 선택은 매력적이지 않게 보이고, 더 강한 자극을 찾는 행동이 반복되기 쉽다.

문제는 이러한 선택이 반복될수록 장기적인 자산 형성과는 거리가 멀어질 수 있다는 점이다. 짧은 자극은 순간의 흥분을 제공하지만, 시간이 축적될수록 차이를 만드는 것은 느리고 반복적인 선택이다. 그러나 느린 변화는 체감하기 어렵기 때문에 그 가치를 인식하기 쉽지 않다.

우리는 종종 위험을 피하고 있다고 생각하지만, 실제로는 다른 형태의 위험을 선택하고 있을지도 모른다. 즉각적인 보상에 익숙해진 선택은 안정감을 주는 것처럼 느껴지지만, 장기적인 관점에서는 더 큰 불확실성을 만들 수 있다.

> 빠른 결과는 강한 감정을 남기고,
>
> 느린 결과는 조용히 변화를 만든다.
>
> 그리고 시간이 흐르면
>
> 조용한 변화가 더 큰 차이를 만들어낸다."

어쩌면 우리가 두려워하는 것은 위험이 아니라 기다림일지도 모른다. 그리고 그 기다림을 견디는 선택이 삶의 방향을 조금씩 바꾸기 시작한다.

게임 속에는 수백만 원을 쓰면서
현실의 미래에는 쓰지 않는다.

**많은 사람들에게 게임은
단순한 취미를 넘어 하나의 일상이 되었다.**

하루의 피로를 풀기 위해 잠깐 접속하고, 친구들과 함께 시간을 보내며 스트레스를 해소하는 공간이 되기도 한다. 문제는 즐거움을 위한 이용이 아니라, 게임 내 성장을 위해 반복적으로 돈을 지불하는 구조에 익숙해질 때 시작된다.

게임을 하다 보면 더 강한 장비, 더 높은 등급, 더 빠른 성장 속도를 위해 결제를 유도하는 순간을 자주 마주하게 된다. 일정 금액을 결제하면 즉시 능력이 향상되고, 눈에 보이는 성과가 나타난다. 캐릭터가 강해지고 경쟁에서 우위를 점하는 경험은 짧은 시간 안에 성취감을 제공한다. 이러한 경험은 강한 만족감을 남기고, 다시 같은 선택을 반복하도록 만든다.

처음에는 소액으로 시작하지만, 시간이 지나면서 결제 금액은 점점 커지기 쉽다. 이미 투자한 비용이 아깝게 느껴지고, 경쟁에서 뒤처지지 않기 위해 추가 결제를 선택하게 된다. 이 과정에서 지출은 하나의 사건이 아니라 습관으로 자리 잡는다. 결제 버튼을 누르는 행동이 자연스러워질수록, 지출에 대한 심리적 저항감은 점점 줄어든다.

이러한 소비는 물리적인 자산을 남기지 않는다. 게임 서비스가 종료되거나 이용을 중단하는 순간, 그동안 지불한 금액은 현실에서 아무런 가치로 남지 않는다. 그러나 결제 당시에는 눈앞의 성취와 만족감이 강하게 느껴지기 때문에 장기적인 관점에서의 가치 여부를 판단하기 어렵다.

게임 현질이 반복되는 이유는 단순한 재미 때문만은 아니다. 현실에서는 노력과 결과 사이에 긴 시간이 필요하지만, 게임 속에서는 결제를 통해 즉각적인 성과를 얻을 수 있다. 현실에서 성취를 얻기까지의 기다림과 불확실성에 비해, 즉시 보상을 제공하는 구조는 훨씬 매력적으로 느껴진다.

또한 게임 환경에서는 성취가 명확하게 수치화된다. 레벨, 전투력, 순위 등은 자신의 성장을 눈으로 확인할 수 있게 해준다. 이러한 수치는 경쟁심을 자극하고, 더 높은 성과를 위해 추가 지출을 정당화하는 근거가 된다. 눈에 보이는 성장 지표는 만족감을 강화하고 소비 행동을 반복하게 만드는 강력한 요소로 작용한다.

문제는 이러한 소비 습관이 현실의 재정 선택에도 영향을 미칠 수 있다는 점이다. 적은 금액의 반복 결제에 익숙해질수록 돈이 빠져나가는 감각은 둔해진다. 몇천 원, 몇만 원의 결제가 모이면 상당한 금액이 되지만, 각각의 지출이 적게 느껴지기 때문에 전체 규모를 체감하기 어렵다.

많은 사람들은 미래를 위해 돈을 모으는 일이 어렵다고 느낀다. 하지만 반복적인 소액 결제는 큰 저항 없이 이루어진다. 이는 돈을 쓰는 행위 자체가 문제가 아니라, 지출의 방향과 구조가 장기적인 변화를 만들지 못하는 데에 있다.

게임을 즐기는 것이 문제는 아니다. 휴식과 즐거움은 삶에 필요하다. 그러나 반복적인 결제가 습관이 되고, 그 금액이 현실의 미래를 위한 선택보다 우선순위에 놓이기 시작할 때, 우리는 보이지 않는 방향으로 자원을 사용하고 있는 것일지도 모른다.

현실의 자산 형성은 느리고 눈에 잘 보이지 않지만, 시간이 흐를수록 선택의 폭을 넓혀 준다. 반면 게임 속 성장은 빠르고 선명하지만, 현실의 선택 가능성을 넓혀 주지는 않는다. 이 차이는 시간이 흐르면서 분명한 결과로 드러난다.

우리는 때때로 큰돈을 쓰지 않았다고 생각한다. 그러나 작은 지출이 반복되면 그 합계는 결코 작지 않다. 그리고 그 돈이 어디로 흘러갔는지를 돌아보는 순간, 우리는 스스로에게 질문하게 된다.

> **"나는 즐거움을 소비한 것일까,**
> **아니면 미래의 선택지를**
> **조금씩 줄이고 있었던 것일까."**

명품으로 자존감을 채우기 시작하면
소비는 멈추기 어려워진다.

명품은 단순한 물건이 아니라 상징이다.

어떤 사람에게는 자신의 노력에 대한 보상이 되고, 또 어떤 사람에게는 사회적 위치를 표현하는 수단이 되기도 한다. 좋은 품질의 제품을 오래 사용하기 위해 구매하는 선택은 합리적일 수 있다. 그러나 문제는 물건의 기능이나 품질이 아니라, 그것이 자존감과 사회적 인정의 수단이 되기 시작할 때 발생한다.

주변에서 명품을 통해 자신을 표현하는 사람들을 보는 일은 더 이상 낯설지 않다. 가방, 시계, 의류와 같은 물건이 개인의 취향을 넘어 사회적 신호처럼 사용되기도 한다. 이러한 환경 속에서 사람들은 점차 소비를 통해 자신을 증명해야 한다는 압박을 느끼게 된다. 남들과 비슷한 수준을 유지하지 못하면 뒤처진 것처럼 느껴지기도 하고, 특정 브랜드를 통해 인정받는 경험은 소비를 반복하게 만드는 동기가 된다.

처음에는 특별한 날을 위한 구매로 시작되지만, 시간이 지나면서 기준이 바뀌기 시작한다. 이전에는 사치로 느껴졌던 물건이 어느 순간 '필요한 수준' 으로 인식되기 시작한다. 생활 수준은 서서히 올라가고, 그 수준을 유지하기 위한 소비 압박 역시 커진다. 소비의 기준이 높아질수록 줄이는 일은 더욱 어려워진다.

명품 소비가 반복되면 단순한 만족을 넘어 정체성과 연결되기 쉽다. 특정 브랜드가 자신의 이미지 일부가 되고, 소비를 통해 형성된 자존감은 외부 조건에 의존하게 된다. 이때 소비를 중단하거나 수준을 낮추는 상황이 오면 단순한 불편함이 아니라 상실감으로 느껴질 수 있다. 이전에 경험했던 인정과 만족을 더 이상 얻지 못 하게 될 때 공허감이 찾아오는 이유가 여기에 있다.

또한 이러한 소비 방식은 재정적 선택에도 영향을 미친다. 눈에 보이는 만족과 사회적 인정을 유지하기 위해 지출은 우선순위에서 뒤로 밀리지 않는다. 미래를 위한 준비보다 현재의 이미지 유지가 더 중요한 과제로 느껴지기 때문이다.

"명품 소비가 정체성과
결합하면, 소비 수준의 변화가
단순한 불편을 넘어 자아의
상실감과 공허함으로
이어진다."

소비 수준을 유지하기 위해 지출 구조를 바꾸기보다 다른 영역을 줄이거나 재정적 부담을 감수하는 선택이 반복될 수 있다.

이 과정은 개인의 문제를 넘어 다음 세대에도 영향을 미칠 수 있다. 아이들은 부모의 말을 통해서보다 행동을 통해 가치관을 배운다. 어떤 물건이 중요한지, 무엇을 위해 돈을 쓰는지, 소비가 어떤 의미를 가지는지를 자연스럽게 관찰하며 성장한다. 만약 소비가 인정받기 위한 수단으로 반복된다면, 아이들 역시 물질적 기준을 통해 자신을 평가하는 방식에 익숙해질 가능성이 높다.

소비 자체가 잘못된 것은 아니다. 좋은 물건을 통해 만족을 얻고 삶의 질을 높이는 선택은 충분히 의미가 있다. 그러나 소비가 자신을 증명하기 위한 수단이 되거나, 타인의 시선을 기준으로 반복될 때 그 방향은 달라질 수 있다. 소비가 삶을 풍요롭게 만드는지, 아니면 유지해야 할 부담으로 작용하는지 돌아볼 필요가 있다.

시간이 흐르면서 자산은 선택의 자유를 넓히고, 과도한 소비는 선택의 폭을 좁힌다. 소비 수준을 유지하기 위한 압박이 커질수록 삶의 유연성은 줄어들고, 변화에 대응할 여지는 제한된다. 반면 자산이 축적될수록 선택의 폭은 넓어지고, 예상치 못한 상황에서도 방향을 조정할 수 있는 여유가 생긴다.

우리는 종종 물건을 소유한다고 생각하지만, 때로는 그 물건이 우리의 선택을 제한하기도 한다. 소비가 자존감을 대신하기 시작하는 순간, 소비를 멈추는 일은 점점 더 어려워진다.

그리고 어느 날, 더 이상 같은 소비를 유지할 수 없는 상황이 찾아올 때 비로소 깨닫게 된다. 만족을 주던 물건이 아니라, 그 소비에 의존해 왔던 자신이 공허함을 느끼고 있었다는 사실을.

조건을 보고 시작한 관계는
소비 경쟁 속에서 무너질 수 있다.

⌄

결혼은 두 사람이 함께 미래를 만들어 가는 과정이다.

서로의 가치관과 생활 방식, 삶을 바라보는 태도가 조화를 이루며 시간이 흐를수록 안정된 기반을 형성해 간다. 그러나 관계가 서로의 방향보다 경제적 조건에 대한 기대를 중심으로 시작될 때, 출발점부터 다른 긴장이 형성될 수 있다.

경제적 안정은 분명 중요한 요소다. 안정된 생활 기반은 불안감을 줄이고 미래를 계획하는 데 도움을 준다. 하지만 경제적 조건이 관계의 중심 기준이 될 때, 서로를 동반자가 아니라 생활 수준을 유지하기 위한 수단으로 바라보게 될 위험이 생긴다. 이때 관계는 협력보다는 기대와 부담의 균형 속에서 유지되기 시작한다.

주변 환경 역시 이러한 압박을 강화한다. 결혼 이후에는 자연스럽게 생활 수준에 대한 기준이 형성되고, 사회적 관계 속에서 비교가 이루어진다. 주거 환경, 차량, 소비 수준, 자녀 교육 방식 등 다양한 요소가 눈에 보이는 기준이 된다. 이러한 비교 속에서 생활 수준을 유지하거나 끌어올려야 한다는 압박은 점점 커질 수 있다.

문제는 소득의 증가 속도보다 소비 수준이 더 빠르게 상승할 때 발생한다. 처음에는 감당할 수 있는 범위에서 시작된 지출이 시간이 지나면서 일상적인 기준이 되고, 그 기준을 유지하기 위한 부담이 커진다. 생활 수준을 낮추는 선택은 후퇴처럼 느껴지기 때문에 지출 구조를 조정하기보다 다른 방식으로 부담을 감수하는 선택이 이어질 수 있다.

이 과정에서 관계의 긴장은 점차 높아진다. 소비를 유지하기 위한 재정 압박은 갈등의 원인이 되고, 경제적 스트레스는 감정적 거리감을 만들 수 있다. 처음에는 작은 의견 차이로 시작된 문제가 반복되면서 서로에 대한 기대와 실망이 쌓이게 된다. 경제적 부담이 커질수록 관계의 여유는 줄어들고, 대화의 중심 역시 문제 해결보다 책임 소재를 가리는 방향으로 흐르기 쉽다.

또한 소비 수준이 관계의 안정감을 대신하기 시작하면, 생활 방식 자체를 조정하는 일이 더욱 어려워진다. 이미 형성된 기준을 낮추는 선택은 단순한 절약이 아니라 정체성의 변화처럼 느껴질 수 있다. 이러한 부담은 현실적인 조정을 지연시키고, 문제를 더 복잡하게 만드는 요인이 되기도 한다.

경제적 안정에 대한 기대는 관계를 시작하게 만드는 요소가 될 수 있지만, 관계를 지속시키는 힘은 서로의 이해와 협력에서 나온다. 재정적 압박이 커질수록 두 사람이 함께 문제를 해결하려는 방향으로 움직이지 않는다면, 경제적 부담은 관계 전체를 흔드는 요인이 될 수 있다.

중요한 것은 경제적 조건을 고려하지 말아야 한다는 의미가 아니다. 현실적인 기반을 고려하는 일은 필요하다. 다만 소비를 통해 안정감을 유지하려 하거나, 외부 기준에 맞추기 위해 생활 수준을 무리하게 유지하려는 선택은 장기적으로 더 큰 부담을 만들 수 있다.

관계는 함께 방향을 조정해 가는 과정이다. 생활 방식과 소비 기준역시 두 사람이 협력하여 설계해 나갈 때 안정적으로 유지될 수 있다. 그러나 외부 기준과 비교 속에서 유지되는 소비 구조는 시간이흐르면서 관계에 부담을 더 할 가능성이 높다.

우리는 종종 더 나은 삶을 위해 선택했다고 생각하지만, 그 선택이 감당하기 어려운 부담을 만들고 있는지 돌아볼 필요가 있다. 생활 수준을 유지하기 위한 압박이 커질수록 삶의 여유는 줄어들고, 관계 역시 그 압박 속에서 흔들릴 수 있다.

> **"** 안정은 소비 수준이 아니라
>
> 함께 문제를 해결할 수 있는
>
> 능력에서 만들어진다."

그리고 그 기반이 흔들릴 때, 삶의 방향 역시 예상치 못한 방향으로 흘러갈 수 있다.

가난은 사건이 아니라
반복되는 삶의 패턴이다.

많은 사람들은 가난이 특별한 사건 때문에 발생한다고 생각한다.

잘못된 투자, 사업 실패, 경기 침체와 같은 외부 요인이 삶을 어렵게 만든다고 믿는다. 물론 이러한 사건들은 영향을 미칠 수 있다. 그러나 대부분의 경우 경제적 어려움은 어느 날 갑자기 찾아오기보다, 오랜 시간 반복된 생활 방식 속에서 서서히 만들어진다.

돈이 남지 않는 소비 구조, 미래보다 현재의 만족을 우선하는 선택, 불확실성을 이유로 행동을 미루는 습관, 감정에 따라 시장을 해석하는 태도, 빠른 보상에 익숙해진 소비 패턴은 그 순간에는 특별한 문제처럼 보이지 않는다. 이러한 선택들은 일상 속에서 자연스럽게 이루어지고, 주변 사람들의 생활 방식과 크게 다르지 않기 때문에 스스로도 의심하지 않게 된다.

문제는 이러한 선택이 반복될 때 형성되는 방향이다. 지출이 습관이 되면 자산 형성은 뒤로 밀리고, 결정을 미루는 태도가 반복되면 기회를 인식하는 감각은 점점 둔해진다. 소비를 통해 만족을 얻는 방식에 익숙해질수록 미래를 위한 준비는 불편한 일처럼 느껴지기 시작한다. 이러한 변화는 하루아침에 나타나지 않기 때문에 스스로도 인식하기 어렵다.

또한 사람은 현재의 생활 방식을 유지하려는 경향이 강하다. 익숙함은 안정감을 제공하고, 변화는 불확실성을 동반하기 때문이다. 그래서 지금의 방식이 장기적으로 불리할 수 있다는 사실을 알면서도 쉽게 바꾸지 못한다. 불편함을 감수하며 새로운 방향을 선택하는 일은 생각보다 큰 에너지를 요구한다.

주변 환경 역시 이러한 패턴을 강화한다. 비슷한 소비 방식, 유사한 재정 습관, 익숙한 생활 기준 속에서 살아가면 현재의 선택이 특별히 문제라고 느껴지지 않는다. 비교의 기준이 비슷할수록 변화의 필요성은 더욱 작게 느껴진다. 결국 많은 사람들이 같은 방식 속에서 비슷한 결과를 경험하게 된다.

가난은 어느 날 갑자기 찾아온 결과가 아니라, 반복된 생활 방식이 만들어낸 구조일 수 있다. 그리고 그 구조는 특별한 사건이 아닌 평범한 일상 속의 선택들에 의해 유지된다.

당신이 가난할 수밖에 없는 이유

가난은 단순히 소득의 크기로 결정되지 않는다. 같은 소득을 얻는 사람들 사이에서도 자산의 차이는 크게 벌어진다. 그 차이는 반복된 선택과 생활 방식에서 비롯된다. 돈이 어디로 흘러가는지, 시간을 어디에 사용하는지, 어떤 위험을 회피하고 어떤 기회를 외면하는지가 장기적인 결과를 만든다.

중요한 점은 누구도 스스로 불리한 결과를 원하지 않는다는 것이다. 대부분의 선택은 현재 상황에서 합리적으로 느껴지는 방향으로 이루어진다. 피로를 줄이기 위한 소비, 불안을 피하기 위한 회피, 비교 속에서 뒤처지지 않기 위한 지출은 모두 자연스러운 반응이다. 그러나 이러한 반응이 반복될 때 장기적인 방향은 의도와 다르게 형성될 수 있다.

또한 경제적 격차는 눈에 띄는 사건보다 보이지 않는 습관 속에서 확대된다. 하루의 차이는 작아 보이지만, 수년의 시간 속에서는 분명한 결과로 나타난다. 준비하지 않은 시간은 조용히 지나가지만, 그 시간 동안 선택지는 줄어들고 대응할 수 있는 여지는 점점 좁아진다.

우리는 종종 기회가 부족하다고 느낀다. 그러나 때로는 기회를 붙잡기 어려운 생활 구조 속에서 살아가고 있는지도 모른다. 선택이 반복되면 그것은 습관이 되고, 습관은 삶의 방향을 결정한다. 어쩌면 삶을 어렵게 만드는 것은 한 번의 실수가 아니라, 바꾸지 않은 습관일지도 모른다.

당신을 가난에 머물게 만드는 생각의 구조

우리는 흔히 삶이 나아지지 않는 이유를
의지나 노력 부족에서 찾는다.
더 열심히 살았다면, 더 용기를 냈다면, 더 일찍 시작했다면
지금과 다른 결과를 얻었을 것으로 생각한다.
이런 생각은 스스로를 채찍질하게 만들지만
동시에 깊은 피로감과 좌절을 남기기도 한다.

노력해도 크게 달라지지 않는 현실을 경험할수록, 사람들은 자신에게 문제가 있는 것은 아닐까, 의심하기 시작한다.

그러나 많은 경우 삶의 방향을 결정하는 것은 개인의 의지보다 더 깊은 곳에서 작동하는 생각의 틀이다.

우리는 태어나면서부터 특정한 환경과 문화 속에서 살아가며, 그 안에서 무엇이 안전하고 무엇이 위험한지 배우게 된다. 안정적인 선택을 선호하고, 실패를 피하려 하며, 남들과 다른 길을 선택하는 것을 망설이게 되는 것은 개인의 나약함이 아니라 오랜 시간 형성된 적응 방식에 가깝다.

불확실한 상황에서 위험을 피하려는 선택은 생존에 유리한 전략이었다. 손실을 피하려는 본능은 인간이 오랜 세월 동안 환경에 적응하며 발전시켜 온 자연스러운 반응이다. 익숙한 환경을 유지하려는 성향 역시 예측할 수 있는 삶을 가능하게 해주는 장치였다. 이러한 특성들은 과거에는 생존을 돕는 요소였지만, 변화 속도가 빠른 현대 사회에서는 때때로 새로운 기회를 향한 움직임을 늦추는 요인으로 작용하기도 한다.

또한 우리는 집단 속에서 살아가는 존재다. 다수와 같은 선택할 때 안정감을 느끼고, 다른 방향을 선택할 때 불안을 경험한다. 이러한 감각은 사회적 관계를 유지하는 데 도움을 주지만, 동시에 새로운 시도를 주저하게 만드는 심리적 장벽이 되기도 한다. 남들과 다른 선택이 틀린 선택처럼 느껴지는 이유는 능력 부족 때문이 아니라, 집단 속에서 형성된 심리적 안전 기준 때문이다.

경제적 선택 역시 이러한 사고 구조 속에서 이루어진다. 안정적인 길을 택하는 것이 현실적이라고 느껴지고, 위험을 감수하는 선택은 무모하게 보일 수 있다. 실패 가능성을 고려하면 행동을 미루는 것이 합리적으로 느껴지기도 한다. 지금의 삶을 유지하는 선택이 가장 현실적인 선택처럼 보이는 이유는, 변화가 가져올 불확실성을 감당해야 하기 때문이다.

문제는 이러한 선택이 단기적으로는 안정감을 제공하지만, 장기적으로는 가능성을 제한할 수 있다는 점이다. 변화를 미루는 선택이 반복될수록 새로운 기회를 경험할 가능성은 줄어들고, 익숙한 범위 안에서만 움직이게 된다. 그러나 이 과정은 매우 천천히 진행되기 때문에 스스로도 그 영향을 쉽게 인식하지 못한다.

우리는 종종 스스로를 현실적인 사람이라고 생각한다. 무리하지 않고, 위험을 피하며, 안정적인 선택을 하는 태도는 책임감 있는 자세로 여겨진다. 실제로 이러한 태도는 삶을 안정적으로 유지하는 데 중요한 역할을 한다. 다만 현실적이라는 기준이 지나치게 좁아질 때, 선택의 범위 역시 함께 좁아질 수 있다.

　　　　　당신을 가난에 머물게 만드는 생각의 구조

중요한 점은 이러한 사고방식이 잘못되었다는 의미가 아니라, 우리가 왜 그런 생각을 하게 되었는지를 이해할 필요가 있다는 것이다. 생각의 구조를 이해하는 순간, 우리는 스스로를 비난하기보다 새로운 선택 가능성을 바라볼 수 있게 된다. 변화는 자신을 부정하는 데서 시작되지 않는다. 오히려 지금까지의 선택이 어떤 구조 속에서 이루어졌는지를 이해하는 순간, 다른 방향을 상상할 수 있는 여지가 생긴다.

**삶을 바꾸는 출발점은
의지의 문제가 아니라
인식의 전환일지도 모른다.**

우리가 당연하다고 여겨 온 생각들이 어떤 배경 속에서 형성되었는지를 이해할 때, 그 생각에만 머무르지 않을 선택 역시 가능해진다.

이 파트에서는 우리가 왜 안정적인 선택을 현실적이라고 믿게 되었는지, 왜 실패를 피하려는 마음이 행동을 멈추게 하는지, 왜 변화보다 익숙함을 선택하게 되는지를 하나씩 살펴보려 한다. 그것은 누군가의 잘못을 지적하기 위함이 아니라, 우리가 살아온 방식과 생각의 흐름을 이해하기 위함이다. 그리고 그 이해는, 다른 선택을 가능하게 만드는 첫 번째 계기가 될 수 있다.

우리는 왜 안정이
가장 현실적인 선택이라고 믿게 되었을까?

**사람들은 중요한 선택의 순간에
종종 같은 질문을 스스로에게 던진다.**

" 이 선택이 안전한가?"

새로운 기회를 마주했
을 때 가능성을 먼저 떠올리기보다 위험을 먼저 계산하는 태도는 매
우 자연스럽다. 안정적인 길을 택하는 것이 책임감 있는 선택처럼 느
껴지고, 불확실한 방향으로 움직이는 일은 무모한 도전처럼 보이기
도 한다. 그래서 많은 사람들에게 안정은 단순한 선택 기준을 넘어
'현실적인 판단'의 기준으로 자리 잡는다.

이러한 인식은 개인의 성향만으로 설명되기 어렵다. 우리는 성장 과정에서 위험을 피하고 안정적인 선택을 하는 것이 현명하다는 메시지를 반복적으로 접한다. 실패를 줄이고 예측 가능한 삶을 유지하는 것이 바람직하다는 가치관은 가정과 교육, 사회 전반을 통해 자연스럽게 전달된다. 이러한 환경 속에서 안정은 생존과 책임을 상징하는 기준으로 자리 잡게 된다.

불확실한 상황에서 위험을 줄이려는 선택은 오랜 시간 인간의 생존을 돕는 전략이었다. 예측 가능한 환경을 유지하는 것은 생존 확률을 높였고, 낯선 위험을 피하는 행동은 자신을 보호하는 역할을 했다. 이러한 경향은 오랜 시간에 걸쳐 인간의 사고방식에 깊이 자리 잡았다. 그래서 위험을 회피하려는 선택은 단순한 두려움이 아니라 본능에 가까운 반응일 수 있다.

또한 안정적인 선택은 심리적 부담을 줄여 준다. 새로운 방향을 선택할 때 우리는 결과에 대한 책임을 온전히 감당해야 한다. 반면 많은 사람들이 선택하는 길을 따를 때는 결과에 대한 부담이 분산되는 느낌을 받는다. 이러한 심리적 부담의 차이는 선택의 방향에 영향을 미친다. 안정적인 길이 더 편안하게 느껴지는 이유는 결과를 예측하기 쉽기 때문만이 아니라, 책임의 무게가 덜 느껴지기 때문이다.

경제적 선택에서도 이와 같은 경향은 쉽게 나타난다. 일정한 소득과 예측 가능한 흐름은 삶의 안정감을 높여 준다. 반면 변동성이 존재하는 선택은 미래를 계획하기 어렵게 만들 수 있다. 그래서 많은 사람들은 가능성의 크기보다 안정성을 기준으로 선택을 판단한다. 이는 위험을 피하려는 본능과 예측 가능한 삶을 유지하려는 욕구가 결합한 결과일 수 있다.

주변의 경험 역시 이러한 인식을 강화한다. 실패 사례는 강한 인상을 남기고 오래 기억되는 반면, 점진적인 성공 사례는 상대적으로 눈에 띄지 않는다. 사람들은 극적인 손실을 더 쉽게 떠올리기 때문에 위험을 과대평가하고 안정성을 더 현실적인 선택으로 인식하기 쉽다. 이러한 기억의 편향은 선택 기준을 형성하는 데 중요한 역할을 한다.

또한 안정적인 선택은 현재의 삶을 유지하는 데 도움을 준다. 이미 형성된 생활 방식과 책임을 고려할 때, 예측 가능한 방향을 선택하는 것은 합리적으로 느껴질 수 있다. 가족, 주거, 교육, 생활비와 같은 요소들은 지속적인 안정성을 요구한다. 이러한 현실적 조건 속에서 불확실성을 감수하는 선택은 부담스럽게 느껴질 수밖에 없다.

문제는 안정이 잘못된 선택이라는 데 있지 않다. 안정은 삶을 유지하고 보호하는 중요한 요소다. 그러나 안정만을 유일한 기준으로 삼게 될 때 선택의 범위는 점차 좁아질 수 있다. 변화의 가능성보다 유지의 필요성이 우선될 때, 새로운 기회를 탐색하려는 시도는 뒤로 밀리기 쉽다.

우리는 종종 안정적인 선택을 현실적인 태도로 이해한다. 실제로 많은 상황에서 안정은 중요한 판단 기준이 된다. 다만 안정이라는 기준이 지나치게 강화될 때, 가능성의 영역은 자연스럽게 축소될 수 있다. 위험을 피하려는 선택이 반복될수록 새로운 방향을 경험할 기회역시 줄어들 수 있다.

안정을 선택하는 마음은 잘못된 것이 아니다. 그것은 오랜 시간 형성된 생존 전략이자 책임 있는 태도일 수 있다. 그러나 그 선택이 언제 보호가 되고, 언제 가능성을 제한하는 기준이 되는지 이해하는 순간 우리는 더 넓은 시야에서 선택을 바라볼 수 있게 된다.

어쩌면 우리가 안정이라고 부르는 기준은 현실을 지키기 위한 장치인 동시에, 새로운 방향으로 나아가는 속도를 늦추는 요인이 될 수도 있다. 그리고 그 차이를 인식하는 순간, 안정과 가능성 사이에서 더욱 의식적인 선택이 가능해진다.

⌄

실패를 피하려는 마음은 본능이지만, 경제적 기회를 멈추게 만들 수 있다.

⌄

**사람들은 경제적 선택을 앞두고
쉽게 움직이지 못하는 순간을 경험한다.**

투자를 시작할지, 새로운 기회를 잡을지 고민하다가 결국 결정을 미루는 일은 낯설지 않다. 이러한 망설임은 정보 부족 때문만이 아니라 실패에 대한 두려움과 깊이 연결되어 있다. 우리는 이익을 얻는 기쁨보다 손실에서 느끼는 고통을 더 크게 경험하도록 설계되어 있기 때문이다.

심리학에서는 이를 손실 회피 경향이라고 설명한다. 같은 금액을 얻는 것보다 잃는 상황에서 느끼는 충격이 훨씬 크게 다가오기 때문에 사람들은 손실 가능성을 우선하여 고려한다. 이러한 반응은 위험을

당신을 가난에 머물게 만드는 생각의 구조

줄이고 생존 가능성을 높이는 데 도움이 되었던 본능적 특성이다. 그러나 자산 형성이 중요한 현대 경제 환경에서는 이 본능이 새로운 기회를 회피하게 만드는 요인으로 작용할 수 있다.

경제적 선택에서 손실 가능성은 언제나 존재한다. 시장은 변동하고, 가격은 오르기도 하고 내리기도 한다. 이러한 불확실성 때문에 많은 사람들은 시작 자체를 미루는 선택을 하게 된다. 원금 손실의 가능성, 잘못된 판단에 대한 두려움, 타인의 평가에 대한 부담은 행동을 지연시키는 강력한 요인이 된다.

문제는 행동을 미루는 동안에도 경제 환경은 계속 변화한다는 점이다. 자산 시장은 시간과 함께 움직이고, 물가는 상승하며, 화폐의 가치는 점진적으로 감소한다. 움직이지 않는 선택은 안전해 보일 수 있지만, 장기적으로는 구매력 감소와 자산 격차 확대라는 결과로 이어질 수 있다.

많은 사람들은 실패하지 않기 위해 아무것도 하지 않는 선택을 한다. 그러나 경제적 관점에서 보면, 아무 행동도 하지 않는 것 역시 하나의 선택이며 그 선택에도 비용이 따른다. 인플레이션은 현금의 실질 가치를 감소시키고, 자산 가격의 상승은 시장에 참여하지 않은 사람과 참여한 사람 사이의 격차를 확대시킨다.

또한 실패에 대한 두려움은 경험의 축적을 막는다. 자산 형성 과정에서 중요한 것은 완벽한 선택이 아니라 경험을 통해 판단 기준을 넓히는 일이다. 그러나 실패를 피하려는 선택이 반복될수록 경험은 축적되지 않고, 판단 기준은 좁은 상태에 머물게 된다. 결과적으로 다음 선택은 더욱 조심스러워지고, 행동은 더 늦어지는 구조가 만들어진다.

주변의 사례 역시 이러한 두려움을 강화한다. 손실을 경험한 이야기는 강한 인상을 남기지만, 장기적인 투자와 자산 형성을 통해 격차를 줄여 나간 과정은 상대적으로 주목받지 않는다. 사람들은 극적인 실패 사례를 더 쉽게 기억하기 때문에 위험을 과대평가하고 행동을 미루는 방향으로 기울기 쉽다.

여기서 중요한 점은 실패를 두려워하는 마음 자체가 문제가 아니라는 것이다. 그것은 인간이라면 누구나 느끼는 자연스러운 반응이다. 그러나 경제적 기회가 반복적으로 나타나는 환경 속에서 그 두려움이 행동을 완전히 멈추게 만들 때, 시간은 다른 결과를 만들어낸다.

실패 가능성은 존재하지만, 시도하지 않는 선택은 경험과 기회를 동시에 포기하는 결과가 될 수 있다. 반면 작은 시도를 통해 축적된 경험은 시장을 이해하는 감각을 키우고, 다음 선택을 보다 현실적인 판단 위에서 이루어지게 만든다.

경제적 격차는 한 번의 선택으로 결정되지 않는다. 움직이지 않는 시간이 길어질수록 자산 시장과의 거리는 점점 멀어지고, 따라잡기 위한 부담은 커진다. 반대로 두려움을 느끼면서도 작은 움직임을 시작한 사람은 경험을 축적하며 변화에 적응할 수 있는 기반을 마련하게 된다.

실패를 피하려는 마음은 자연스럽다. 그러나 경제 환경 속에서 그 두려움이 행동을 멈추게 하는 기준이 될 때, 그 선택은 단기적인 안전 대신 장기적인 불리함으로 이어질 수 있다.

> 결국 중요한 것은 실패를 두려워하지 않는
> 사람이 되는 것이 아니라,
> 두려움을 이해한 상태에서
> 경제적 선택을
> 미루지 않는 방향을 찾는 일이다."

그리고 그 작은 움직임의 차이는 시간이 흐르면서 분명한 결과의 차이로 나타난다.

움직이지 않는 시간이
길어질수록...

자산 시장과의 거리는 점점
멀어지고, 따라잡기 위한
부담은 커진다.

반대로 두려움을 느끼면서도
작은 움직임을 시작한 사람은

경험을 축적하며 변화에
적응할 수 있는 기반을
마련하게 된다.

당신을 가난에 머물게 만드는 생각의 구조

지금의 삶을 유지하려는 힘은
생각보다 강하다.

**사람들은 더 나은 삶을 원한다고 말하지만,
동시에 지금의 상태를 유지하려는 강한 성향을 보인다.**

새로운 변화를 통해 더 나은 결과를 기대하면서도, 익숙한 생활 방식에서 벗어나는 선택 앞에서는 쉽게 망설이게 된다. 이러한 반응은 의지 부족 때문이라기보다 인간이 본능적으로 안정된 상태를 유지하려는 경향과 깊이 연결되어 있다.

현재 상태를 유지하려는 성향은 심리적 에너지를 절약하게 해준다. 이미 익숙해진 생활 방식과 소비 패턴, 수입과 지출의 흐름, 일상의 리듬은 예측 가능성을 제공한다. 변화는 새로운 판단과 적응을 요구하고, 이는 심리적 부담을 증가시킨다. 그래서 사람들은 특별한 문제가 발생하지 않는 한 기존의 방식을 유지하려고 선택하게 된다.

이러한 경향은 경제적 선택에서도 뚜렷하게 나타난다. 소득이 증가하더라도 소비 수준이 함께 상승하면 생활 수준은 유지되지만, 자산은 많이 늘어나지 않는다. 수입이 늘어난 만큼 지출이 증가하는 구조가 형성되면 재정 상태는 개선되지 않은 채 현재 상태를 유지하게 된다. 이는 경제적 정체가 개인의 소득이 아니라 소비 구조 속에서 만들어질 수 있음을 보여준다.

생활 수준이 높아질수록 이를 유지하기 위한 고정 지출 역시 증가한다. 주거비, 차량 유지비, 교육비, 구독 서비스, 보험료와 같은 비용은 일상에서 자연스럽게 고정 지출로 자리 잡는다. 이러한 지출 구조가 형성되면 경제적 선택의 유연성은 줄어들고, 새로운 기회를 위해 자금을 이동시키는 일이 어려워진다.

또한 사람은 현재 누리고 있는 생활 수준이 낮아지는 상황에 큰 불편함을 느낀다. 심리적으로 얻는 만족보다 잃는 불편이 더 크게 인식되기 때문이다. 그래서 소비를 줄여 자산을 축적하는 선택은 이론적으로 합리적이지만 실제 생활에서는 쉽게 실행되지 않는다. 현재의 편안함을 유지하려는 욕구가 장기적인 재정 계획보다 앞서게 되는 것이다.

이 과정에서 경제적 정체는 조용히 형성된다. 수입이 늘어도 소비 구조가 유지되면 자산 형성 속도는 느려지고, 시간이 지날수록 자산을 축적한 사람과의 격차는 확대된다. 겉으로 보기에는 안정적인 생활을 유지하고 있지만, 경제적 위치는 크게 변화하지 않는 상태가 지속될 수 있다.

주변 환경 역시 이러한 구조를 강화한다. 비슷한 생활 수준을 유지하는 사람들 사이에서는 소비 패턴이 서로 영향을 주고받는다. 사회적 기준에 맞춘 소비는 자연스럽게 반복되고, 현재 생활 수준을 유지하는 것이 합리적인 선택처럼 느껴진다. 이러한 환경 속에서는 지출을 줄이거나 소비 구조를 바꾸는 선택이 오히려 비현실적으로 보일 수 있다.

또한 현재 상태를 유지하는 선택은 단기적으로 안정감을 제공한다. 생활 수준을 유지하면 일상의 만족도는 크게 흔들리지 않는다. 그러나 자산 형성은 눈에 보이지 않는 속도로 진행되기 때문에, 변화를 미루는 선택의 장기적 영향은 쉽게 체감되지 않는다. 이 때문에 많은 사람들은 경제적 위치가 오랫동안 크게 달라지지 않는 이유를 인식하지 못한 채 현재의 방식을 유지하게 된다.

여기서 중요한 점은 현재 상태를 유지하려는 성향이 잘못된 것이 아니라는 것이다. 그것은 안정된 삶을 유지하고 불필요한 위험을 줄이기 위한 자연스러운 반응이다. 문제는 이 성향이 반복될 때 자산 형성의 속도를 늦추고 경제적 선택의 범위를 좁힐 수 있다는 데 있다.

경제적 변화는 극적인 사건보다 생활 구조의 변화에서 시작된다. 소비 구조를 조정하고, 생활 수준의 상승 속도를 관리하며, 자산으로 이동하는 흐름을 만드는 선택은 단기적인 만족을 줄일 수 있지만 장기적인 재정 안정성을 높이는 기반이 될 수 있다.

지금의 삶을 유지하려는 힘은 생각보다 강하다. 그러나 그 힘이 경제적 정체로 이어지고 있는지 인식하는 순간, 우리는 현재 상태를 유지하는 선택과 미래를 확장하는 선택 사이에서 더욱 의식적인 판단을 할 수 있게 된다.

안정된 생활을 유지하는 것과 경제적 성장을 멈추는 것은 같은 의미가 아니다. 그 차이를 이해하는 순간, 현재를 유지하면서도 미래를 확장하는 방향을 모색할 가능성이 열린다.

왜 우리는 남들과 다른
경제적 선택을 어려워할까?

경제적 선택은 개인의 판단처럼 보이지만

실제로는 주변 환경의 영향을 강하게 받는다.

우리는 스스로 소비 기준을 만들고 있다고 생각하지만, 일상에서 접하는 생활 수준과 소비 방식은 자연스럽게 판단 기준을 형성한다. 어떤 수준의 집이 적당한지, 어떤 차를 타는 것이 보통인지, 어떤 소비가 무리한지에 대한 감각은 개인의 기준이라기보다 환경 속에서 형성된 인식에 가깝다.

사람은 타인과 자신을 비교하며 현실을 이해하려는 경향이 있다. 비교는 자신의 위치를 파악하는 데 도움을 주지만, 동시에 기대 수준을 끌어올리는 역할을 하기도 한다. 주변에서 반복적으로 접하는 소비 수준이 높아질수록 그것이 일반적인 기준처럼 느껴지고, 그 기준에 맞추지 못하면 뒤처진 것 같은 감각을 경험하게 된다.

이러한 심리는 경제적 선택에 직접적인 영향을 미친다. 소비는 단순히 필요를 충족하는 행위를 넘어 사회적 신호의 역할을 하기도 한다. 주거 환경, 차량, 의류, 자녀 교육 방식 등은 경제적 능력을 드러내는 지표처럼 인식되며, 개인은 의식하지 못한 채 사회적 기준에 맞추려는 선택을 반복하게 된다.

문제는 이러한 비교 구조 속에서 지출 기준이 점진적으로 상승한다는 점이다. 처음에는 선택 사항이었던 소비가 어느 순간 필수 지출처럼 느껴지고, 생활 수준을 유지하기 위한 비용은 점차 늘어난다. 이러한 흐름은 소득 증가와 무관하게 지출 구조를 확장하며, 결과적으로 자산 형성에 사용될 여유 자금을 감소시킨다.

또한 남들과 다른 선택을 하는 일은 경제적 판단을 넘어 심리적 부담을 동반한다. 소비 수준을 낮추거나 기존 기준에서 벗어나는 선택은 주변의 시선에 대한 부담을 만들 수 있다. 실제로 타인은 크게 신경 쓰지 않을 수 있지만, 개인은 스스로를 비교 기준 속에 두며 불편함을 느끼게 된다. 이러한 심리적 압력은 지출 구조를 유지하게 만드는 보이지 않는 힘으로 작용한다.

특히 현대 사회에서는 비교의 범위가 물리적 환경을 넘어 디지털 공간까지 확장되었다. 다양한 생활 방식과 소비 수준을 지속적으로 접하면서 기준점은 점점 상향 조정된다. 과거에는 직접 접하는 환경이 비교 기준의 전부였다면, 이제는 화면 속 정보까지 기준 형성에 영향을 미친다. 그 결과 실제 생활 수준과 인식된 기준 사이의 간격이 커질 수 있다.

이 과정에서 소비는 선택의 문제가 아니라 동조의 문제로 변하기도 한다. 주변과 비슷한 수준을 유지하는 선택은 심리적 안정감을 제공하지만, 장기적으로는 지출 구조를 고정하는 요인이 될 수 있다. 소비 기준이 높아질수록 자산 축적에 사용될 자원의 여유는 줄어들고, 경제적 유연성은 점차 제한된다.

여기서 중요한 점은 비교 자체가 잘못된 행동이 아니라는 것이다. 비교는 자신의 위치를 이해하고 목표를 설정하는 데 도움이 될 수 있다. 그러나 비교 기준이 무의식적으로 소비 수준을 끌어올리는 방향으로 작동할 때, 경제적 선택은 장기적 안정성보다 단기적 동조에 영향을 받게 된다.

남들과 다른 경제적 선택을 한다는 것은 단순히 소비를 줄이거나 지출을 통제하는 문제가 아니다. 그것은 자신에게 적합한 기준을 스스로 설정하는 과정과 관련되어 있다. 외부 기준이 아니라 개인의 재정 상황과 장기적 목표에 맞는 선택할 때, 소비는 비교의 수단이 아니라 자원의 배분 과정으로 재정의될 수 있다.

경제적 격차는 종종 소득 수준의 차이로 설명되지만, 소비 기준이 형성되는 방식 역시 중요한 변수로 작용한다. 비교 속에서 형성된 지출 구조는 자산 축적 속도를 늦추고, 장기적으로 재정적 선택의 범위를 좁힐 수 있다.

우리는 주변 환경 속에서 자연스럽게 기준을 받아들이며 살아간다. 그러나 그 기준이 나의 장기적 방향과 일치하는지 인식하는 순간, 소비는 타인의 시선이 아닌 자신의 선택으로 돌아올 수 있다.

> 그리고 그 선택의 기준이 바뀌는 순간,
>
> 경제적 방향 역시 달라질 수 있다."

왜 우리는 이미 늦었다고 느끼는 순간
멈추게 될까?

**경제적 기회를 바라볼 때 많은 사람들은
비슷한 감정을 경험한다.**

가격이 이미 많이 올랐다는 이야기, 다른 사람들이 먼저 움직였다는 소식, 과거보다 진입 비용이 커졌다는 정보는 곧바로 하나의 결론으로 이어진다. 지금은 늦었다고 판단한다. 이 인식은 단순한 사실 확인이 아니라 행동을 멈추게 만드는 강력한 심리적 기준으로 작용한다.

사람은 기회를 현재 시점이 아니라 과거의 기준과 비교해 평가하는 경향이 있다. 예전에 더 낮았던 가격, 더 쉬웠던 진입 조건, 더 여유로웠던 환경을 떠올리며 현재를 불리하게 해석한다. 이러한 비교는 현실을 객관적으로 판단하기보다 이미 지나간 시점을 기준으로 삼게 만든다. 그 결과 현재의 가능성은 축소되어 보이고, 참여 자체가 늦었다는 인식으로 이어질 수 있다.

또한 타이밍에 대한 인식은 심리적 부담과 연결되어 있다. 이미 상승한 이후에 참여하는 선택은 뒤늦게 합류하는 행동처럼 느껴질 수 있다. 사람들은 고점에서 들어가는 것에 대한 두려움을 크게 느끼며, 이후의 변동 가능성을 과대평가하는 경향이 있다. 이러한 감각은 진입 시점에 대한 부담을 증가시키고 행동을 미루게 만든다.

문제는 경제 환경이 정지해 있지 않다는 점이다. 자산 시장은 장기적으로 순환하며 새로운 기회를 반복적으로 만들어낸다. 특정 시점의 상승은 다음 변화의 출발점이 되기도 하고, 조정 이후에는 다시 새로운 흐름이 형성되기도 한다. 그러나 늦었다는 인식에 머무르면 이러한 흐름을 관찰하고 참여할 기회 자체가 줄어들게 된다.

기회를 놓쳤다는 감정은 과거를 기준으로 판단할 때 더욱 강해진다. 만약 그때 시작했더라면 이라는 가정은 현재의 선택을 더욱 어렵게 만든다. 과거의 결정과 현재를 비교하는 사고방식은 후회의 감정을 강화하고, 다음 선택에서도 신중함을 넘어 회피에 가까운 태도를 만들 수 있다. 또한 사람들은 완벽한 시점을 찾으려는 경향이 있다. 가장 낮은 가격, 가장 유리한 조건, 확실한 상승 신호를 기다리며 행동을 미루는 동안 시장은 계속 움직인다. 완벽한 타이밍을 확신할 수 있는 순간은 드물지만, 확신을 기다리는 태도는 참여 시점을 지속적으로, 뒤로 미루게 만든다.

경제적 기회는 특정 순간에만 존재하는 것이 아니라 시간 속에서 반복적으로 나타난다. 중요한 것은 단 한 번의 완벽한 진입이 아니라 변화하는 환경 속에서 경험을 축적하고 판단 기준을 발전시키는 과정이다. 그러나 늦었다는 인식이 행동을 멈추게 만들면 이러한 경험은 축적되지 않고, 다음 기회를 판단할 기준 역시 형성되기 어렵다.

시간은 경제적 결과에 중요한 변수로 작용한다. 참여하지 않는 기간이 길어질수록 자산 시장과의 거리는 점차 벌어지고, 이후 진입을 위해 필요한 부담은 커질 수 있다. 반면 작은 규모라도 참여 경험을 쌓은 사람은 시장의 흐름을 이해하며 점진적으로 판단 기준을 넓혀 갈 수 있다.

여기서 중요한 점은 늦었다는 판단이 언제나 사실을 의미하는 것은 아니라는 것이다. 그것은 과거와 비교해 현재를 해석하는 심리적 반응일 수 있다. 현재의 조건이 과거보다 불리해 보일 수 있지만, 미래의 시점에서 보면 지금 역시 또 하나의 출발점이 될 수 있다.

기회를 바라보는 시점을 과거가 아니라 현재와 미래의 흐름 속에서 이해하는 순간 선택의 가능성은 달라진다. 완벽한 타이밍을 찾는 대신, 참여할 수 있는 범위와 방식에 집중할 때 행동은 더욱 현실적인 방향으로 이어질 수 있다.

이미 늦었다는 생각은 행동을 멈추게 만드는 강력한 기준이 될 수 있다. 그러나 경제적 흐름 속에서 기회는 반복적으로 등장한다. 그리고 그 차이는 시간이 흐르면서 분명한 결과의 차이로 이어질 수 있다.

> 중요한 것은 가장 빠른 시점이 아니라,
> 멈추지 않는 시점일지도 모른다."

우리는 왜 돈 이야기를
꺼내기 어려워할까?

많은 사람들에게 돈에 관한 대화는 어색하고 불편한 주제다.

수입, 자산, 부채, 투자 경험과 같은 이야기는 친한 사이에서도 쉽게 꺼내기 어려운 영역으로 여겨진다. 개인의 경제 상황을 드러내는 일은 사적인 영역을 침범하는 것처럼 느껴지기도 하고, 상대에게 부담을 줄 수 있다는 생각이 들기도 한다. 그래서 돈 이야기는 일상에서 자연스럽게 피하게 되는 주제가 된다.

이러한 분위기는 가정에서부터 형성되는 경우가 많다. 부모가 경제적으로 여유롭지 못했던 환경에서는 돈 이야기가 곧 걱정과 불안을 의미했을 가능성이 크다. 생활비, 빚, 지출 문제와 같은 대화는 긴장된 분위기 속에서 이루어졌고, 아이들은 돈 이야기가 부담스럽고 무거운 주제라는 인식을 자연스럽게 배우게 된다. 그 결과 성인이 된 이후에도 경제 문제를 공유하거나 질문하는 일에 심리적 장벽을 느끼게 된다.

반대로 가족 내에서 경제적 여유가 있더라도 돈에 관한 대화를 조심스럽게 다루는 문화가 존재한다. 자산 규모나 수입을 공개하는 것이 자랑처럼 보일 수 있다는 부담, 관계 속에서 불필요한 오해를 만들 수 있다는 우려는 경제적 정보를 숨기게 만드는 요인이 된다. 가까운 관계일수록 돈 이야기를 피하게 되는 역설적인 상황이 만들어지기도 한다.

형제자매나 친척 관계에서도 비슷한 경험이 나타난다. 경제적으로 여유가 있다는 사실이 알려지면 도움 요청이나 금전적 부탁으로 이어질 수 있다는 걱정은 자신의 상황을 숨기게 만든다. 실제로 금전 문제가 관계 갈등으로 이어지는 사례를 주변에서 쉽게 접할 수 있기 때문에, 사람들은 미리 경계를 설정하고 경제적 이야기를 차단하는 선택을 하게 된다.

이러한 경험이 반복되면 돈은 공유의 대상이 아니라 숨겨야 할 정보처럼 인식된다. 경제적 문제를 드러내는 것은 도움을 요청하는 행위가 아니라 부담을 전가하는 행동처럼 느껴질 수 있고, 반대로 여유를 드러내는 것은 관계를 불편하게 만들 수 있다는 우려를 낳는다. 그 결과 사람들은 자신의 재정 상태를 타인과 나누지 않은 채 혼자 감당하려는 경향을 보이게 된다.

경제 대화가 부족한 환경에서는 금융 지식 역시 개인의 경험에 의존하게 된다. 투자, 자산 관리, 부채 관리, 세금과 같은 주제는 일상에서 자연스럽게 배우기보다 필요 때문에 뒤늦게 접하게 되는 경우가 많다. 정보가 공유되지 않는 환경에서는 경제적 선택이 경험의 범위 안에서 이루어지기 쉽고, 그 범위를 벗어난 기회를 이해하기 어려워질 수 있다.

또한 돈 이야기를 꺼내기 어려운 문화는 재정적 문제를 개인의 책임으로만 인식하게 만들 수 있다. 경제적 어려움을 겪고 있어도 주변에 털어놓지 못한 채 혼자 해결하려 하거나, 도움을 받는 방법을 알지 못한 채 시간을 보내는 경우도 있다. 이러한 상황은 문제 해결의 속도를 늦추고 선택의 폭을 좁히는 결과로 이어질 수 있다.

현대 사회에서는 다양한 경제 정보가 공개되어 있지만, 실제 생활 속에서 신뢰할 수 있는 대화를 나눌 상대를 찾는 일은 여전히 쉽지 않다. 온라인 정보는 풍부하지만, 개인의 상황에 맞는 현실적인 조언을 얻기 위해서는 경험과 맥락을 이해하는 대화가 필요하다. 그러나 돈 이야기를 피하는 문화 속에서는 이러한 대화가 자연스럽게 이루어지기 어렵다.

중요한 점은 돈에 대한 침묵이 겸손이나 배려의 표현일 수 있다는 것이다. 타인을 불편하게 하지 않으려는 태도, 관계를 지키려는 배려는 사회적 조화를 유지하는 데 긍정적인 역할을 한다. 그러나 이러한 문화가 경제적 학습과 정보 공유까지 제한할 때, 개인은 중요한 선택을 혼자 판단해야 하는 상황에 놓일 수 있다.

경제적 의사결정은 개인의 삶에 큰 영향을 미치지만, 그 과정은 종종 고립된 상태에서 이루어진다. 돈 이야기를 나누기 어려운 환경 속에서는 다양한 관점을 접할 기회가 줄어들고, 경험을 통해 배울 가능성 역시 제한될 수 있다.

우리는 오랫동안 돈을 조용히 다루는 태도를 미덕으로 배워 왔다. 그러나 경제 환경이 복잡해질수록 재정적 선택에 대한 이해와 대화의 중요성은 더욱 커지고 있다.

   당신을 가난에 머물게 만드는 생각의 구조

자신의 상황을 비교하거나 드러내기 위함이 아니라, 더 나은 판단을 위해 정보를 나누고 경험을 공유하는 대화는 경제적 선택의 폭을 넓히는 데 도움이 될 수 있다.

돈 이야기가 불편하게 느껴지는 이유에는 개인의 경험과 문화적 배경이 함께 작용하고 있다. 그 구조를 이해하는 순간, 경제적 선택을 더 이상 혼자 감당해야 하는 문제로만 바라보지 않을 가능성이 열린다. 그리고 그 작은 변화는 재정적 방향을 이해하는 방식에도 새로운 여지를 만들어낼 수 있다.

우리는 왜 부자의 이야기를 듣는 순간
귀를 닫아버릴까?

⌄

**주변에 경제적으로 앞서 나간 사람이 있음에도 불구하고,
그들의 이야기를 깊이 듣지 않는 경우는 의외로 많다.**

누군가 자산을 늘려 온 과정을 설명하려 할 때 대화를 빠르게 다른 주제로 돌리거나, 그 성과를 특별한 환경 덕분이라고 넘겨 버리는 모습은 낯설지 않다. 겉으로는 관심이 없는 것처럼 보이지만, 실제로는 불편함을 피하려는 심리적 반응일 수 있다.

경제적 성공에 관한 이야기를 들으면 사람들은 무의식적으로 자신과 비교하게 된다. 그 비교는 반드시 열등감을 의미하지 않더라도 현재의 선택을 돌아보게 만드는 계기가 될 수 있다. 이 순간 느껴지는

미묘한 불편함은 대화를 깊게 이어가기보다 거리를 두려는 태도로 이어지기 쉽다. 듣지 않으면 비교할 필요도 없고, 판단할 필요도 없기 때문이다.

또한 성공 사례를 가까이에서 접하는 일은 예상보다 심리적 에너지를 요구한다. 누군가의 경험을 진지하게 받아들이는 순간, 그 이야기는 단순한 정보가 아니라 자신의 선택과 연결된 질문으로 다가오기 때문이다. 그래서 사람들은 무의식적으로 대화를 가볍게 넘기거나, 결과를 개인적인 운이나 특수한 환경 덕분으로 해석하며 거리를 유지한다.

흥미로운 점은 경제적으로 앞선 사람과 가까워지는 것 자체를 부담스럽게 느끼는 경우도 있다는 것이다. 경제적 주제가 자주 등장하는 관계에서는 자신의 재정 상황이 드러날 수 있다는 불안이 생길 수 있고, 비교 대상이 되는 상황을 피하고 싶어질 수도 있다. 이러한 심리적 부담은 관계의 거리를 자연스럽게 유지하려는 태도로 이어진다.

또한 성공 이야기를 반복적으로 접하면 자신이 뒤처져 있다는 느낌을 받을까 봐 미리 선을 긋는 경우도 있다. "그 사람은 원래 잘 살았어." "타이밍이 좋았을 뿐이야." "나는 그런 운이 없어"와 같은 해석은 이야기를 현실과 분리하게 시키는 역할을 한다. 이렇게 해석하는 순간 그 경험은 참고할 정보가 아니라 나와 무관한 사례로 정리된다.

이러한 태도는 스스로를 보호하는 역할을 하기도 한다. 다른 사람의 성과를 깊이 받아들이지 않으면 현재의 선택을 다시 평가할 필요가 없기 때문이다. 비교에서 오는 부담을 피할 수 있고, 지금의 삶을 유지하는 데 필요한 심리적 안정감도 유지할 수 있다. 그러나 동시에 현실적으로 참고할 수 있는 경험 역시 함께 차단될 수 있다.

경제적 변화는 종종 가까운 사례 속에서 더 현실적으로 관찰된다. 비슷한 환경에서 출발한 사람이 장기적인 선택을 통해 재정 상태를 변화시키는 과정은 중요한 정보가 될 수 있다. 하지만 심리적 거리감이 유지될 때, 이러한 과정은 개인의 특수한 이야기로 축소되어 버리고 선택의 기준으로 활용되지 않는다.

또한 부에 관한 관심을 드러내는 것이 과도한 욕심처럼 보일 수 있다는 사회적 분위기도 영향을 미친다. 경제적 성장을 향한 관심을 표현하기보다 무관심한 태도를 유지하는 것이 더 편안하게 느껴질 수 있다. 이러한 분위기 속에서는 배우기보다 거리를 두는 태도가 자연스러운 선택처럼 보일 수 있다.

문제는 귀를 닫는 순간 정보도 함께 차단된다는 점이다. 성공 사례의 결과가 아니라 과정에 귀 기울일 때, 반복된 선택이 어떤 변화를 만들어내는지 이해할 수 있다. 그러나 심리적 불편함을 피하고자 대화를 차단하면 이러한 정보는 개인의 선택 기준에 포함되지 않는다.

        당신을 가난에 머물게 만드는 생각의 구조

부자의 이야기가 남의 이야기처럼 들리는 이유는 현실과 동떨어져 있기 때문이 아니라, 심리적 거리가 만들어지기 때문이다. 비교에 대한 부담, 관계 속 불편함, 자기 평가에 대한 긴장은 그 거리를 유지하게 만든다. 그리고 그 거리가 유지되는 동안 현실적인 참고 자료는 선택의 기준으로 작동하지 못한다.

> **경제적 가능성은 멀리 있는 이야기가 아니라 가까운 경험 속에서도 발견될 수 있다."**

그러나 그 경험을 정보로 받아들일지, 다른 세계의 이야기로 분리할지는 인식의 선택에 달려 있다. 귀를 닫는 순간 불편함은 사라질 수 있다. 하지만 동시에 가능성 역시 조용히 멀어질 수 있다.

우리는 왜 기회보다
위험을 먼저 보도록 설계되어 있을까?

**경제적 기회가 눈앞에 나타났을 때
많은 사람들은 가능성보다 위험을 먼저 떠올린다.**

가격이 오를 수 있다는 기대보다 하락할 가능성을 먼저 생각하고, 성장 가능성보다 손실 위험을 먼저 계산한다. 이러한 반응은 비관적인 성향 때문이라기보다 인간의 뇌가 작동하는 방식과 깊이 연결되어 있다.

인간의 뇌는 오랜 시간 생존을 최우선 과제로 삼아 진화해 왔다. 위험 신호를 빠르게 감지하고 회피하는 능력은 생존 확률을 높이는 데 중요한 역할을 했다. 낯선 소리, 예상치 못한 움직임, 환경의 변화에 민감하게 반응하는 특성은 위험을 피하도록 돕는 경보 시스템과 같았다. 이 시스템 덕분에 우리는 위협을 빠르게 인식하고 대응할 수 있었다.

문제는 이러한 경고 시스템이 현대의 경제 환경에서도 동일하게 작동한다는 점이다. 자산 시장의 변동성, 가격 변화, 불확실한 전망과 같은 요소는 뇌에서 위험 신호로 인식되기 쉽다. 그 결과 기회로 해석될 수 있는 상황조차 경계해야 할 대상처럼 느껴질 수 있다.

또한 부정적인 정보는 긍정적인 정보보다 더 강한 인상을 남긴다. 시장 하락, 손실 사례, 경제 위기와 같은 소식은 짧은 시간 안에 강한 주의를 끌고 오래 기억된다. 반면 장기적인 성장이나 점진적인 자산 형성 과정은 상대적으로 주목받기 어렵다. 이러한 정보 인식의 편향은 경제적 판단 기준 형성에 영향을 미친다.

사람들은 반복적으로 접하는 정보에 따라 위험을 과대평가하고 가능성을 과소평가하는 경향을 보일 수 있다. 손실 사례가 강조된 환경에서는 참여 자체가 위험한 선택처럼 느껴질 수 있으며, 안정적인 상태를 유지하는 것이 더 합리적으로 보일 수 있다. 이 과정에서 경제적 기회의 크기는 실제보다 작게 인식될 수 있다.

경제적 선택에서 위험을 인식하는 것은 중요하다. 위험을 고려하지 않는 판단은 예상치 못한 손실로 이어질 수 있기 때문이다. 그러나

내 본능은 자꾸
'위험해, 도망쳐!'라고만 소리쳐요.
위험해, 도망쳐!

하지만 위험은 무조건 피하는 것이
아니라 이해하고 관리하는 거래요.

공포에 가려진 성장의 기회까지
스스로 차단하고 있지는 않나요?
공포
성장의 기회

이성
이성
본능의 경고와 이성의 균형을
맞출 때, 진정한 기회가 보여요.

위험만을 기준으로 판단이 이루어질 때, 가능성에 대한 평가가 충분히 이루어지지 않을 수 있다. 균형 잡힌 판단을 위해서는 위험과 가능성을 함께 고려하는 시각이 필요하다.

또한 단기적인 변동성은 장기적인 흐름과 구분되어야 한다. 짧은 기간의 변화는 불안감을 유발할 수 있지만, 장기적인 경제 흐름은 다른 방향으로 움직이기도 한다. 그러나 단기적인 변화가 반복적으로 강조될 때 사람들은 전체 흐름보다 즉각적인 변동에 집중하게 된다. 그 결과 경제적 판단은 장기적 관점보다 단기적 위험 회피 중심으로 이루어질 수 있다.

위험을 먼저 인식하는 경향은 개인의 경험에 의해서도 강화된다. 과거의 손실 경험이나 주변의 실패 사례는 기억 속에서 강하게 남아 이후의 선택에 영향을 미친다. 이러한 기억은 위험 신호를 더욱 크게 인식하도록 만들고, 새로운 시도에 대한 심리적 장벽을 높일 수 있다.

여기서 중요한 점은 위험을 인식하는 능력 자체가 문제가 아니라는 것이다. 그것은 불확실한 환경 속에서 스스로를 보호하는 중요한 기능이다. 그러나 위험 인식이 가능성 탐색을 완전히 대체할 때, 경제적 선택의 범위는 좁아질 수 있다.

경제적 변화는 위험을 무시하는 데서 이루어지지 않는다. 오히려 위험을 이해하고 관리하면서 가능성을 함께 평가할 때 현실적인 판단이 가능해진다. 위험을 인식하는 능력은 유지하되, 그것이 기회 인식을 가로막는 기준이 되지 않도록 균형을 찾는 과정이 필요하다.

우리는 본능적으로 위험을 먼저 보도록 설계되어 있다. 그 덕분에 많은 위험을 피할 수 있었다. 그러나 경제 환경 속에서는 그 경고 시스템이 가능성까지 차단하고 있지는 않은지 돌아볼 필요가 있다.

> 위험을 인식하는 눈은 우리를 보호한다.
>
> 하지만 가능성을 보는 시야가 함께 열릴 때,
>
> 선택의 범위는 더 넓어질 수 있다."

우리는 왜 확신이 생길 때까지
움직이지 못할까?

경제적 선택을 앞두고 많은 사람들은
충분히 확신이 서지 않는다는 이유로 결정을 미룬다.

더 많은 정보가 필요하
다고 느끼고, 조금 더 상황이 분명해지기를 기다리며, 위험 요소가
완전히 사라지기를 기대한다. 이러한 태도는 신중함처럼 보이지만,
실제로는 불확실성을 받아들이기 어려워하는 사고방식과 깊이 연결
되어 있다.

사람은 예측할 수 있는 상황에서 안정감을 느낀다. 결과를 어느 정
도 예상할 수 있을 때 선택에 대한 부담이 줄어들고, 책임에 대한 불
안도 작아진다. 반대로 결과가 불확실할수록 선택의 부담은 커지고,

잘못된 판단에 대한 두려움 역시 커진다. 그래서 많은 사람들은 충분히 확신할 수 있는 순간이 올 때까지 결정을 미루는 선택을 하게 된다.

문제는 경제 환경에서 확신이 완전히 확보되는 순간은 거의 존재하지 않는다는 점이다. 시장의 흐름, 정책 변화, 금리 변동, 경기 상황과 같은 요소들은 끊임없이 변하며 미래를 완전히 예측하는 것은 불가능에 가깝다. 그럼에도 불구하고 사람들은 불확실성이 줄어든 이후에 움직이려 하기 때문에 실제 행동 시점은 계속 뒤로 미뤄질 수 있다.

또한 정보가 많아질수록 확신이 커질 것이라는 기대와 달리 판단은 더 어려워질 수 있다. 서로 다른 전망과 해석, 상반된 전문가 의견, 다양한 분석 자료는 선택 기준을 명확하게 하기보다 혼란을 증가시키기도 한다. 이러한 환경 속에서 사람들은 더 많은 정보를 찾으며 확신을 확보하려 하지만, 오히려 결정을 내리기 어려운 상태에 머물게 될 수 있다.

확신을 기다리는 동안 시간은 계속 흐른다. 경제적 기회는 득정 시점에만 존재하는 것이 아니라 변화 속에서 반복적으로 나타나지만, 행동이 지연되는 기간 동안 참여 경험은 축적되지 않는다. 경험이 부족할수록 판단 기준은 형성되지 않고, 다음 선택 역시 더욱 신중해지며 결정 시점은 계속 늦춰지는 구조가 만들어진다.

또한 사람들은 올바른 선택을 해야 한다는 부담을 크게 느낀다. 경제적 판단이 장기적인 결과에 영향을 미친다고 생각할수록 실수를 피하려는 심리는 강해진다. 이러한 부담은 완벽한 선택해야 한다는 압박으로 이어지고, 완벽하지 않은 조건에서는 움직이지 않는 태도를 강화할 수 있다.

하지만 경제적 선택에서 중요한 것은 완벽한 판단보다 방향성과 경험의 축적일 수 있다. 시장을 이해하는 감각은 단일한 결정이 아니라 반복적인 경험 속에서 형성되며, 실제 참여를 통해 현실적인 판단 기준이 만들어진다. 확신이 행동을 만드는 것이 아니라, 행동이 확신을 형성하는 과정에 가까울 수 있다.

불확실성을 완전히 제거한 뒤 움직이려는 태도는 단기적으로 안정감을 줄 수 있다. 그러나 변화하는 경제 환경 속에서 불확실성을 기다리는 시간은 기회를 관찰하고 경험할 수 있는 시간을 줄이는 결과로 이어질 수 있다. 참여 경험이 없는 상태에서는 다음 기회를 판단할 기준 역시 제한될 수밖에 없다.

여기서 중요한 점은 신중함이 문제가 아니라는 것이다. 신중한 판단은 위험을 관리하는 데 중요한 역할을 한다. 다만 확신이 확보되기 전에는 움직일 수 없다는 사고방식이 반복될 때, 행동은 지속적으로 지연되고 경제적 선택의 범위는 좁아질 수 있다.

경제적 기회는 불확실성이 존재하는 환경 속에서 나타난다. 완벽히 예측할 수 있는 상황만을 기다린다면 선택의 순간은 계속 뒤로 밀릴 수 있다. 반면 제한된 정보 속에서도 판단을 내리고 경험을 축적하는 과정은 다음 선택을 더 현실적인 기준 위에서 이루어지게 만든다.

우리는 확신이 있어야 움직일 수 있다고 믿는다. 그러나 실제로는 움직이기 시작한 이후에 확신이 형성되는 경우가 많다. 작은 참여와 경험이 반복되면서 불확실성에 대한 이해가 깊어지고, 판단의 기준 역시 점차 구체화한다.

확신을 기다리는 선택은 안전하게 느껴질 수 있다.

> 하지만 경제 환경 속에서 확신은
> 기다림 속에서 만들어지기보다
> 움직임 속에서 형성되는 경우가 많다."

그리고 그 차이는 시간이 흐르면서 선택의 결과로 이어질 수 있다.

그래서 벗어나기 어려운 것은
어쩌면 당연한 일이다.

경제적 격차는 단순히 소득 차이에서만 발생하지 않는다.

비슷한 수입을 얻는 사람들 사이에서도 시간이 흐를수록 자산의 차이가 벌어지는 현상은 흔히 관찰된다. 이 차이는 어느 한 번의 결정에서 만들어지기보다, 반복된 선택과 인식의 방향 속에서 서서히 형성된다.

안정을 우선하는 태도, 손실을 피하려는 심리, 현재 생활 수준을 유지하려는 선택, 사회적 기준에 맞추려는 소비, 늦었다는 인식으로 인한 참여 지연, 돈에 관한 대화를 피하는 문화, 성공 사례와의 심리적 거리감, 위험을 과대평가하는 판단, 확신이 생길 때까지 결정을 미루는 태도는 각각 독립적인 행동처럼 보일 수 있다. 그러나 이러한 요소들이 동시에 작용할 때 경제적 선택의 범위는 자연스럽게 좁아질 수 있다.

이 과정은 극적인 사건 없이도 진행된다. 소비 구조가 조금씩 확대되고, 참여 시점이 조금씩 늦춰지며, 자산 시장과의 거리가 서서히 벌어지는 동안 변화는 눈에 띄지 않는다. 일상의 안정성은 유지되지만 자산 축적 속도는 정체되고, 시간이 흐르면서 경제적 위치의 차이는 점진적으로 확대될 수 있다.

경제 환경은 지속적으로 움직인다. 자산 가격은 변동하고, 물가는 상승하며, 화폐의 실질 가치는 시간이 지남에 따라 변한다. 이러한 흐름 속에서 움직이지 않는 선택은 겉보기에는 안전하게 느껴질 수 있지만, 장기적으로는 구매력 감소와 자산 형성 기회의 축소로 이어질 수 있다. 참여하지 않는 시간 역시 경제적 결과에 영향을 미치는 변수로 작용한다.

또한 자산 형성은 단기간의 결과보다 시간의 영향을 크게 받는다. 작은 차이로 시작된 자산의 축적 속도는 시간이 흐르면서 복리적인 구조를 만들고, 그 구조는 격차를 확대시키는 요인으로 작용한다. 반대로 참여 시점이 늦어질수록 동일한 결과에 도달하기 위해, 필요한 시간과 부담은 증가할 수 있다.

중요한 점은 이러한 흐름이 개인의 능력 부족 때문이 아니라는 것이다. 대부분의 선택은 현실적인 판단과 심리적 안정감을 바탕으로 이루어진다. 불확실성을 줄이고 현재의 삶을 유지하려는 태도는 책임감 있는 선택처럼 느껴질 수 있으며, 위험을 신중하게 평가하는 태도는 합리적인 판단 기준으로 여겨진다.

그러나 이러한 선택이 반복될 때 경제적 결과는 의도와 다른 방향으로 나타날 수 있다. 안정과 안전을 우선하는 판단이 자산 형성의 속도를 늦추고, 참여를 미루는 태도가 시장 경험의 축적을 제한하며, 소비 기준의 상승이 자원의 이동을 어렵게 만들 수 있다. 이 과정은 어느 한순간의 실수가 아니라 구조적인 흐름 속에서 진행된다.

또한 많은 사람들은 경제적 변화를 위해 큰 결단이 필요하다고 생각한다. 하지만 실제로는 생활 구조와 선택 기준이 유지되는 한 재정 상태 역시 비슷한 범위 안에서 움직일 가능성이 높다. 방향이 바뀌지 않으면 결과도 크게 달라지기 어렵기 때문이다.

이러한 구조를 이해하지 못하면 경제적 결과를 개인의 운이나 환경의 차이로만 해석하기 쉽다. 그러나 반복된 선택과 인식의 방향이 장기적인 결과를 만들어낸다는 점을 인식하는 순간, 현재의 위치를 바라보는 시각 역시 달라질 수 있다.

여기서 중요한 사실은 지금의 상태가 비정상적인 결과가 아니라, 지금까지의 선택 구조 속에서 자연스럽게 형성된 결과일 수 있다는 점이다. 그리고 이 사실을 이해하는 순간 스스로를 탓하기보다 구조를 인식하는 방향으로 시선을 전환할 수 있다.

경제적 변화는 특정한 사건이나 극적인 계기에서만 시작되지 않는다. 선택 기준이 바뀌고, 자원의 흐름이 달라지며, 참여의 시점이 조정되는 과정에서 방향은 서서히 변화할 수 있다. 이러한 변화는 단기간에 눈에 띄지 않을 수 있지만 시간이 흐르면서 분명한 차이를 만들어낸다.

우리는 종종 결과만을 보며 격차를 해석한다. 그러나 그 결과 뒤에는 오랜 시간 축적된 선택과 인식의 흐름이 존재한다. 그 흐름을 이해하는 순간, 현재의 위치는 고정된 상태가 아니라 변화할 수 있는 과정에 있다는 사실을 인식하게 된다.

> 경제적 격차는 하루아침에 만들어지지 않는다.
>
> 그리고 변화 역시 하루아침에 이루어지지 않는다.
>
> 그러나 구조를 이해하는 순간,
>
> 선택의 방향은 달라질 수 있다."

     당신을 가난에 머물게 만드는 생각의 구조

PART 3

당신이 가난에서 빠져나오기 시작하는
단 하나의 변화

경제적 삶이 달라지는 순간은
극적인 사건에서 시작되지 않는 경우가 많다.
갑작스러운 행운이나 거대한 기회가
인생을 바꾼다고 생각하기 쉽지만,
실제 변화는 훨씬 조용한 지점에서 시작된다.

소득이 급격히 늘어나지 않았는데도 재정 상태가 달라지기 시작하고, 생활은 크게 변하지 않았는데 자산의 방향이 바뀌는 경험은 특정한 사고 전환에서 비롯되는 경우가 많다.

많은 사람들은 경제적 변화를 위해 더 많은 돈이 필요하다고 생각한다. 물론 소득은 중요한 요소다. 그러나 동일한 소득 수준에서도 시간이 흐르며 자산의 차이가 크게 벌어지는 현실은, 변화가 단순히 수입의 문제가 아니라 선택의 방향과 자원의 흐름에서 비롯될 수 있음을 보여준다. 어디로 돈이 흘러가는지, 무엇을 기준으로 판단하는지, 어떤 시점을 선택하는지가 장기적인 결과를 만든다.

지금까지 우리는 경제적 선택을 멈추게 만드는 다양한 구조를 살펴보았다. 안정이 현실적으로 느껴지는 이유, 손실을 피하려는 본능, 현재 상태를 유지하려는 경향, 사회적 비교가 만드는 소비 기준, 늦었다는 인식이 만들어내는 참여 지연, 돈에 대한 침묵의 문화, 성공 사례와의 심리적 거리감, 위험을 과대평가하는 판단, 확신이 생길 때까지 결정을 미루는 태도는 각각 합리적인 선택처럼 보이지만 동시에 행동의 방향을 제한할 수 있다.

이러한 구조에서는 특별한 사건이 없더라도 경제적 정체가 지속될 수 있으며 생활은 안정적으로 유지되지만 자산 흐름에 큰 변화가 없고, 시간이 흐를수록 경제적 격차는 서서히 벌어진다. 변화가 없다는 사실조차 일상에서 잘 인식되지 않아 현재 상태를 당연하게 받아들이기 쉽다.

그러나 어떤 사람들은 같은 환경 속에서도 다른 방향으로 움직이기 시작한다. 소득이 크게 증가하지 않았음에도 자산이 쌓이기 시작하고, 소비 구조가 급격히 줄어들지 않았는데도 재정 상태가 개선되며, 생활은 유지하면서도 경제적 안정성이 높아지는 변화가 나타난다. 이 변화는 거창한 결심보다 판단 기준의 전환에서 시작되는 경우가 많다.

경제적 전환점은

특별한 능력을 갖춘 사람에게만

주어지는 기회가 아니라,

현실을 바라보는 기준이 달라지는 순간

누구에게나 시작될 수 있다.

돈을 바라보는 관점이 소비 중심에서 흐름 중심으로 바뀌고, 소득 중심의 사고에서 자산 구조 중심의 사고로 이동하며, 단기적 결과보다 장기적 방향을 이해하기 시작할 때 경제적 선택의 기준은 달라지기 시작한다.

중요한 점은 변화가 삶 전체를 뒤집는 방식으로 시작되지 않는다는 것이다. 오히려 작은 인식의 전환이 선택의 기준을 바꾸고, 그 선택이 자원의 흐름을 바꾸며, 시간이 흐르면서 결과의 차이를 만들어낸다. 이러한 변화는 단기간에는 눈에 띄지 않을 수 있지만, 일정 시간이 지난 후 분명한 방향의 차이로 나타난다.

     당신이 가난에서 빠져나오기 시작하는 단 하나의 변화

또한 경제적 변화는 위험을 감수하는 극단적인 선택에서만 시작되지 않는다. 현재의 생활을 유지하면서도 자원의 흐름을 재배치하는 선택, 소비와 자산의 균형을 다시 설정하는 판단, 참여 시점을 미루지 않는 태도는 현실적인 범위 안에서 방향을 바꾸는 출발점이 될 수 있다.

많은 사람들은 경제적 성공을 거대한 도약의 결과로 이해한다. 그러나 실제로는 방향이 바뀌는 순간 이후의 선택들이 서로 다른 결과를 만들어낼 가능성이 더 크다. 같은 시간, 같은 환경 속에서도 선택 기준이 달라지면 자산의 흐름과 기회의 범위는 다른 경로를 따라 움직이기 시작한다.

여기서 말하는 변화는 특별한 사람만이 할 수 있는 행동이 아니라, 경제를 바라보는 기준이 이동하는 과정과 관련되어 있다. 무엇을 우선순위에 두는지, 어떤 기준으로 판단하는지, 자원을 어떤 방향으로 이동시키는지가 달라지는 순간 경제적 삶의 흐름 역시 달라질 수 있다.

이 파트에서는 경제적 삶의 방향이 달라지기 시작하는 지점이 어디에 있는지, 어떤 인식의 변화가 자산의 흐름을 바꾸는지, 그리고 왜 작은 기준의 전환이 장기적으로 큰 차이를 만들어내는지를 살펴보려 한다. 경제적 변화는 거창한 출발이 아니라 기준이 달라지는 순간 시작될 수 있다.

그리고 그 변화는 생각보다 조용하게, 그러나 분명하게
삶의 방향을 바꾸기 시작한다.

현실을 감정이 아니라
숫자로 보기 시작하는 순간

∨

**많은 사람들에게 돈 문제는
계산의 영역이 아니라 감정의 영역에 가깝다.**

지출이 많아졌다는 사실을 알고 있으면서도 정확히 얼마가 어디로 나가는지 파악하지 못하고, 미래가 불안하다고 느끼면서도 현재 재정 상태를 구체적인 수치로 확인하지 않은 채 시간을 보내는 경우는 드물지 않다. 경제적 불안은 분명히 존재하지만, 그 불안의 원인을 숫자로 확인하는 과정은 쉽게 미뤄진다.

감정은 재정 상태를 모호하게 만든다. 막연히 돈이 부족하다고 느끼거나 생활비가 많이 든다고 생각하는 순간, 문제는 해결 대상이 아니라 부담으로 인식되기 쉽다. 반대로 정확한 수치를 모르는 상태에서는 재정 상황이 실제보다 심각하게 느껴지거나, 반대로 충분히 관리 가능한 수준임에도 불구하고 변화의 필요성을 인식하지 못할 수도 있다.

경제적 현실을 숫자로 바라보는 순간 상황은 달라진다. 월 소득, 고정 지출, 변동 지출, 부채 규모, 이자 비용, 저축률과 같은 항목을 구체적으로 확인하면 돈의 흐름은 막연한 감각이 아니라 구조로 드러난다. 이 과정은 단순한 계산이 아니라 자원이 어떤 방향으로 이동하고 있는지를 이해하는 작업에 가깝다.

숫자는 감정을 배제하고 현실을 보여준다. 막연히 많이 쓰는 것 같다는 느낌 대신 지출 구조가 어디에 집중되어 있는지 확인할 수 있고, 돈이 모이지 않는 이유가 소득 부족인지 지출 구조인지 구분할 수 있다. 문제의 원인이 명확해질수록 대응 방법 역시 구체적인 선택으로 이어질 수 있다.

많은 사람들은 재정 상태를 자세히 들여다보는 일을 부담스럽게 느낀다. 숫자로 확인하는 순간 외면하고 싶었던 현실을 직면해야 한다는 심리적 부담이 따르기 때문이다. 그러나 재정 상태를 모르는 상태는 불안을 줄여 주기보다 통제력을 약화시킨다. 구조를 이해하지 못하면 개선 방향 역시 설정하기 어렵기 때문이다.

경제적 변화는 소득이 증가하는 순간 시작되기보다, 돈의 흐름을 이해하는 순간 시작되는 경우가 많다. 동일한 수입 안에서도 자원의 이동 방향이 달라지면 축적의 속도는 달라질 수 있다. 어디에 얼마나 사용되고 있는지 파악하는 과정은 자산 형성을 위한 첫 단계가 된다.

또한 숫자로 현실을 바라보는 태도는 선택 기준을 바꾸는 역할을 한다. 소비 결정을 내릴 때 단순한 가격이 아니라 지출 구조 속에서 비중을 고려하게 되고, 반복적인 지출이 장기적으로 어떤 영향을 미치는지 이해하게 된다. 이 과정에서 소비는 순간의 판단이 아니라 자원의 배분이라는 관점에서 재해석된다.

부채 역시 감정이 아닌 수치로 바라볼 때 관리 가능한 요소로 전환된다. 상환 기간, 이자율, 총부담 비용을 구체적으로 이해하면 부채는 막연한 부담이 아니라 계획 가능한 재정 요소가 된다. 숫자로 구조를 이해하는 순간 대응 전략을 세울 수 있는 여지가 생긴다.

경제적 안정감은 소득 규모만으로 결정되지 않는나. 자신의 재정 구조를 이해하고 통제 가능한 영역을 인식할 때 심리적 안정감은 높아질 수 있다. 돈의 흐름을 파악하는 과정은 불안을 제거하기 위한 행동이 아니라 불안을 관리 가능한 정보로 전환하는 과정에 가깝다.

     당신이 가난에서 빠져나오기 시작하는 단 하나의 변화

숫자는 현실을 단순하게 보여준다. 감정이 개입될 여지를 줄이고, 재정 상태를 있는 그대로 인식하게 만든다. 그리고 그 인식은 선택의 기준을 바꾸는 출발점이 된다.

경제적 삶의 방향은 더 많이 버는 순간이 아니라 자신의 돈 흐름을 정확히 이해하는 순간부터 달라질 수 있다.

> 막연한 불안 속에서는
> 선택이 어려워지지만,
> 숫자로 드러난 현실 속에서는
> 방향을 정할 수 있다.
> 그리고 그 작은 차이가
> 자산의 흐름을 바꾼다."

돈을 쓰는 사람이 아니라
흐름을 관리하는 사람이 된다.

**많은 사람들은 돈을 사용하는 행위를
소비와 지출의 관점에서 이해한다.**

수입이 들어오면 필요한 곳에 지불하고 남은 금액을 저축하거나 다음 달을 위해 남겨 두는 방식이 일반적인 재정 관리 방식으로 여겨진다. 이러한 구조에서는 돈이 들어오고 나가는 과정은 인식되지만, 자원이 어떤 방향으로 이동하고 어떤 형태로 남는지에 대한 질문은 상대적으로 적게 이루어진다.

경제적 변화는 돈을 얼마나 사용하는가보다 돈이 어디로 이동하는가를 인식하는 순간 시작될 수 있다. 동일한 소득 수준에서도 자산

당신이 가난에서 빠져나오기 시작하는 단 하나의 변화

을 형성하는 사람과 그렇지 않은 사람의 차이는 소비 규모보다 자원의 이동 방향에서 나타나는 경우가 많다. 돈이 생활을 유지하는 데 사용되는지, 시간이 지나도 남아 있는 형태로 전환되는지에 따라 재정 구조는 다른 흐름을 갖게 된다.

돈의 흐름을 이해한다는 것은 단순히 지출을 줄이는 개념과는 다르다. 생활을 유지하기 위한 지출은 필수적이며, 삶의 질을 유지하기 위한 소비 역시 중요한 역할을 한다. 그러나 모든 지출이 동일한 결과를 만드는 것은 아니다. 일정 시간이 지난 후 흔적 없이 사라지는 지출과, 시간이 지나면서 가치나 효용이 지속되는 지출은 서로 다른 경제적 결과를 만들어낼 수 있다.

예를 들어, 반복적으로 소모되는 비용은 생활에 필요하지만, 장기적인 축적 효과를 만들지는 않는다. 반면 시간이 흐른 이후에도 활용할 수 있거나 가치가 유지되는 자원은 재정 구조 속에서 다른 역할을 수행한다. 이러한 차이를 인식하는 순간 돈을 사용하는 기준은 단순한 소비 판단에서 자원의 이동 방향을 고려하는 판단으로 확장될 수 있다.

또한 돈의 흐름을 관리한다는 것은 자원이 머무는 시간을 늘리는 구조를 이해하는 과정이기도 하다. 수입이 들어와 바로 사라지는 구조에서는 재정 상태가 크게 변하지 않지만, 일정 부분이 축적 구조 안에 머무르게 될 때 경제적 안정성은 점진적으로 강화될 수 있다. 자원이 머무는 시간이 길어질수록 미래 선택의 범위 역시 넓어질 가능성이 높다.

이러한 관점은 소비를 억제하는 삶을 의미하지 않는다. 오히려 자원을 사용하는 방식에 우선순위를 부여하고, 단기적 만족과 장기적 안정 사이의 균형을 이해하는 과정에 가깝다. 돈을 어디에 사용할 것인지에 관한 판단은 단순한 지출 결정이 아니라 미래 자원의 배분과 연결될 수 있다.

돈의 흐름을 인식하기 시작하면 선택 기준 역시 달라진다. 가격이나 즉각적인 만족도만을 기준으로 판단하기보다, 자원이 어떤 형태로 남는지, 미래 선택에 어떤 영향을 미치는지와 같은 질문이 자연스럽게 뒤따른다. 이러한 질문은 소비를 제한하기 위한 것이 아니라 자원의 방향을 스스로 선택하기 위한 기준을 제공한다.

또한 흐름을 이해하는 태도는 경제적 환경 변화에 대응하는 능력을 높일 수 있다. 소득이 변하거나 지출 구조가 달라지는 상황에서도 자원의 이동 방향을 인식하고 있다면 재정 구조를 조정하는 판단이 더욱 유연하게 이루어질 수 있다. 이는 단순한 절약 습관보다 높은 수준의 재정 대응력을 의미한다.

많은 사람들은 돈을 관리한다는 말의 지출을 통제하는 의미로 받아들인다. 그러나 흐름을 이해하는 관점에서는 통제보다 방향 설정이 중요하다. 자원이 어디로 이동하고, 어떤 형태로 남으며, 시간이 지나면서 어떤 역할을 하게 되는지를 이해할 때 재정 관리의 의미는 단순한 절약을 넘어 구조 설계에 가까워진다.

경제적 안정은 소득 규모만으로 결정되지 않는다. 자원이 머무는 구조가 형성될 때 재정 상태는 외부 환경 변화에 덜 흔들리게 되며, 선택의 범위 역시 넓어질 수 있다. 돈의 흐름을 이해하는 과정은 생활을 제한하기 위한 노력이 아니라 미래 선택의 여지를 확보하는 과정에 가깝다.

> **돈은 단순히 사용하는 대상이 아니라
> 흐름 속에서 역할을 바꾸는 자원이다."**

어디로 이동하는지에 따라
그 결과는 전혀 다른 방향으로 나타날 수 있다.
그리고 그 흐름을 인식하는 순간,
경제적 삶의 방향 역시 달라지기 시작한다.

소득이 아니라 자산이
삶을 바꾼다는 사실을 이해한다.

**많은 사람들은 경제적 안정이
높은 소득에서 비롯된다고 생각한다.**

더 많은 급여와 보상을 받으면 삶의 여유가 커질 것이라 기대하는 것은 자연스러운 인식이다. 그러나 소득은 기본적으로 시간을 전제로 형성된다는 점에서 구조적 한계를 지닌다. 대부분의 노동 소득은 일정한 시간을 제공하는 대가로 발생하며, 하루에 사용할 수 있는 시간은 누구에게나 동일하게 제한되어 있다.

시간을 기반으로 하는 소득 구조에서는 수입이 증가하더라도 노동 강도와 책임이 함께 증가하는 경우가 많다. 더 높은 보상을 받기 위해 더 긴 시간을 투입하거나 더 큰 부담을 감수해야 하는 상황이 반복될 수 있다. 이 구조에서는 소득이 늘어나도 시간의 여유가 함께 늘어나지 않을 수 있으며, 경제적 안정감 역시 기대만큼 확대되지 않을 수 있다.

또한 소득이 증가하면 생활 수준이 함께 상승하는 경향이 나타난다. 주거 환경, 소비 수준, 교육비, 생활 편의에 대한 기준이 높아지면서 지출 구조 역시 확대될 수 있다. 이러한 변화는 경제적 발전처럼 느껴질 수 있지만, 실제로는 재정 구조의 부담을 함께 키우는 요인이 되기도 한다.

반면 자산은 시간과 다른 관계를 형성한다. 자산은 일정 조건이 갖춰질 때 지속적으로 가치를 변화시키거나 현금 흐름을 생성할 수 있으며, 추가적인 노동 시간을 요구하지 않는 구조를 만들 수 있다. 이 차이는 단순한 수입 규모의 문제가 아니라 경제적 구조 차이에 가깝다.

예를 들어, 동일한 소득을 가진 두 사람이 있다고 가정해 보자. 한 사람은 수입 대부분을 생활 유지와 소비에 사용하고, 다른 사람은 일부를 장기적으로 가치가 유지되거나 변화할 수 있는 형태로 전환한다. 초기에는 두 사람의 생활 수준에 큰 차이가 없을 수 있다. 그러나 시간이 흐르면서 자산을 보유한 사람은 노동 외의 경로를 통해 경제적 선택지를 넓힐 가능성이 높아진다.

자산은 단순히 금액의 크기를 의미하지 않는다. 중요한 것은 자산이 만들어내는 역할이다. 가치 변동 가능성, 현금 흐름 창출 능력, 인플레이션 대응력, 외부 경제 변화에 대한 완충 작용 등 자산은 노동 소득과는 다른 방식으로 경제적 안정성을 형성한다.

많은 사람들은 높은 연봉이 곧 경제적 자유로 이어질 것이라 기대하지만, 소득이 아무리 증가해도 노동이 중단되면 수입 역시 멈춘다는 구조적 한계는 여전히 존재한다. 반면 일정 수준의 자산이 형성되면 경제적 기반은 단일 소득원에 의존하지 않게 되며, 이는 위험 분산 측면에서도 중요한 의미를 가진다.

자산이 형성되기 시작하면 선택의 기준 역시 달라진다. 모든 결정을 당장의 급여에 맞춰 내리지 않아도 되기 때문에 직업 선택, 거주 환경, 시간 활용 방식에서 더욱 유연한 판단이 가능해진다. 이러한 유연성은 단순한 재정 상태 이상의 영향을 미치며 삶의 구조 자체를 바꾸는 요소로 작용할 수 있다.

경제 환경은 끊임없이 변화한다. 산업 구조의 변화, 기술 발전, 고용 환경의 변동은 소득의 안정성을 언제든 흔들 수 있다. 노동 소득에만 의존하는 구조에서는 이러한 변화가 직접적인 위험 요소로 작용할 수 있다. 반면 자산이 일정 부분 형성되어 있다면 외부 충격에 대한 대응 여지가 생기고, 선택의 폭 역시 넓어질 수 있다.

여기서 중요한 점은 자산이 특정한 사람에게만 가능한 영역이 아니라는 사실이다. 핵심은 규모보다 방향이다. 소득 중심의 사고에서 자산 구조를 설계하는 사고로 전환하는 순간 경제적 선택의 기준이 달라진다. 월급 인상만을 기대하는 구조에서 벗어나 자산의 역할을 이해하기 시작할 때 재정 구조는 다른 방향으로 움직일 가능성이 높아진다.

> **"** 소득은 현재의 삶을 유지하게 만들지만,
> 자산은 미래의 선택을 가능하게 만든다."

운의 존재를 인정하는 순간
경제적 선택이 달라진다.

많은 사람들은 경제적 성공이 오직 노력의 결과라고 믿는다.

성실하게 일하고 최선을 다하면 원하는 결과에 도달할 수 있다는 믿음은 오랫동안 사회가 강조해 온 가치이기도 하다. 이러한 신념은 개인의 책임감과 성취 의지를 높이는 긍정적인 역할을 한다. 그러나 현실의 경제 환경은 노력만으로 설명되기 어려운 요소들을 포함하고 있다.

경제적 결과에는 개인의 노력뿐 아니라 다양한 외부 요인이 영향을 미친다. 경기 흐름, 정책 변화, 금리 환경, 산업 구조, 기술 발전, 인구 이동과 같은 요소들은 개인이 통제할 수 없는 영역에 속한다. 동일한 능력과 성실함을 지닌 사람이라 하더라도 어느 시점에 어떤 환경 속에 위치하느냐에 따라 경제적 결과는 달라질 수 있다.

이러한 요소를 흔히 운이라고 부른다. 운이라는 단어는 결과를 우연에 맡긴다는 의미로 오해되기도 하지만, 실제로는 개인이 통제할 수 없는 변수들이 결과에 영향을 미친다는 사실을 설명하는 표현에 가깝다. 운을 인정한다는 것은 노력의 가치를 부정하는 것이 아니라 현실의 복합적인 구조를 이해하는 태도에 가깝다.

경제적 여건 속에서 타이밍은 중요한 변수로 작용한다. 동일한 자산이라도 어느 시점에 진입했는지에 따라 결과가 달라질 수 있으며, 정책 변화나 금리 변동과 같은 외부 요인은 개인의 의지와 무관하게 시장 환경을 변화시킨다. 이러한 변화는 예측이 어렵기 때문에 결과의 일부는 환경적 요인에 의해 결정될 수 있다.

운의 존재를 인정하지 않으면 경제적 결과를 지나치게 개인의 능력이나 노력만으로 해석하기 쉽다. 성공한 사람은 특별한 능력을 지닌 것으로, 반대로 기대만큼의 결과를 얻지 못한 경우에는 개인의 부족함으로만 이해될 수 있다. 이러한 해석은 현실을 단순화시키며, 환경과 구조가 결과에 미치는 영향을 충분히 고려하지 못하게 만든다.

 완벽한 예측이 불가능하다는 사실을 받아들이는 순간, 결과를 통제하려는 시도 대신 확률과 가능성을 고려하는 태도가 형성된다. 이는 경제적 판단을 더욱 현실적인 기준 위에서 이루어지게 만든다.

또한 운을 인정하는 태도는 기회를 바라보는 시각을 바꾼다. 결과가 오직 능력에 의해 결정된다고 믿을 때 사람들은 완벽한 준비 상태를 기다리려는 경향을 보일 수 있다. 그러나 환경적 변수와 타이밍이 결과에 영향을 미친다는 사실을 이해하면 참여와 경험의 중요성이 더욱 분명해진다. 기회는 준비된 상태에서만 나타나는 것이 아니라, 환경 속에서 포착되는 경우가 많기 때문이다.

운을 인정하는 것은 무작정 위험을 감수하라는 의미가 아니다. 오히려 통제할 수 없는 영역과 통제할 수 있는 영역을 구분하는 태도에 가깝다. 개인이 노력과 준비를 통해 관리할 수 있는 부분에 집중하고, 예측할 수 없는 변수에 대해서는 분산과 대비를 통해 대응하는 방식은 경제적 위험 관리의 기본 원리이기도 하다.

경제적 결과는 능력, 노력, 환경, 타이밍이 결합한 복합적인 산물이다. 이러한 구조를 이해하는 순간 성공과 실패를 단일한 잣대로 해석하기보다 다양한 요소의 상호 작용 속에서 바라볼 수 있게 된다. 이는 현실을 더 정확하게 이해하고, 선택의 기준을 더욱 유연하게 만든다.

　　　　　

운의 존재를 인정한다고 해서 노력의 가치가 줄어드는 것은 아니다. 오히려 노력의 방향이 더욱 현실적인 기준 위에서 설정될 수 있다. 통제할 수 없는 영역을 억지로 통제하려 하기보다, 변화하는 환경 속에서 가능성을 포착하고 대응하는 태도는 경제적 판단의 중요한 요소가 된다.

경제적 삶에서 결과는 언제나 예측대로 나타나지 않는다. 그러나 환경과 타이밍이 결과에 영향을 미친다는 사실을 이해하는 순간, 불확실성은 두려움의 대상이 아니라 관리해야 할 요소로 인식될 수 있다.

> **❝** 결과에는 노력만이 아니라
>
> 환경과 타이밍이라는 변수도 존재한다.”

그리고 그 사실을 받아들이는 순간,
경제적 선택의 기준은 달라지기 시작한다.
운을 인정하는 태도는 포기를 의미하지 않으며
오히려 가능성을 현실적으로 바라보기 위한
출발점에 가깝다.

부자를 존경할 필요는 없지만,
인정할 때 시야가 넓어진다.

경제적 성공을 거둔 사람들을 바라보는 시선은 다양하다.

누군가는 노력과 능력의 결과로 이해하고, 누군가는 운과 환경의 영향으로 해석하며, 또 다른 누군가는 불공정한 구조 속에서 형성된 결과라고 느끼기도 한다. 이러한 다양한 인식 속에서 부에 대한 감정은 존경, 거리감, 불신, 반감 등 여러 형태로 나타날 수 있다.

부에 대한 감정적 반응은 자연스러운 현상이다. 경제적 격차가 확대되는 환경에서는 불공정하다는 인식이 생길 수 있고, 특정 사례를 통해 형성된 부정적 이미지가 전체에 대한 인식으로 확장되기도 한다.

특히 부정한 방법으로 이익을 얻었다는 뉴스나 사회적 이슈는 강한 인상을 남기며 경제적 성공 자체에 대한 불신으로 이어지기도 한다.

그러나 모든 경제적 결과를 동일한 기준으로 해석하는 태도는 현실을 단순화시킬 수 있다. 시장 속에는 다양한 방식으로 자산을 형성한 사람들이 존재하며, 구조적 변화와 흐름 속에서 기회를 포착한 사례 역시 적지 않다. 부를 형성하는 방식은 단일하지 않으며, 결과의 배경에는 환경, 타이밍, 판단 기준, 참여 시점 등 여러 요소가 결합하여 있다.

부를 바라보는 시각이 감정 중심에 머물 때 경제적 흐름을 이해할 기회는 줄어들 수 있다. 특정 개인에 대한 호감이나 반감과 별개로, 자산이 어떤 흐름 속에서 이동하는지 관찰하는 태도는 시장을 이해하는 데 중요한 단서를 제공한다. 감정적 판단이 강해질수록 구조를 바라보는 시야는 좁아질 수 있다.

부정한 방식으로 형성된 이익은 장기적으로 지속되기 어렵다. 제도와 규제, 사회적 감시, 법적 책임과 같은 요소들은 불공정한 행위를 지속적으로 제약하는 역할을 한다. 언론과 사회적 감시 속에서 드러난 문제는 해당 방식의 지속 가능성을 낮추며, 경제적 활동의 방향 역시 변화하게 만든다.

이러한 과정에서 시장은 새로운 균형점을 찾아간다. 특정 방식이 제한되거나 사라지는 순간 자본과 기회는 다른 영역으로 이동한다. 경제 환경은 정체되어 있지 않으며, 규제와 변화 속에서 자원의 흐름은 계속 재편된다. 이 흐름을 이해하는 태도는 감정적 반응과는 다른 차원의 인식을 요구한다.

부를 인정한다는 것은 무조건적인 존경을 의미하지 않는다. 오히려 현실 속에서 자산이 형성되는 구조와 흐름을 이해하는 태도에 가깝다. 감정적 판단에서 한 발 떨어져 시장의 움직임을 관찰할 때, 돈이 이동하는 방향과 새로운 기회가 나타나는 지점을 더욱 선명하게 인식할 수 있다.

또한 경제 환경 속에서 변화는 반복된다. 규제가 강화되면 시장은 새로운 방식으로 재편되고, 특정 영역의 이익 구조가 제한되면 자본은 다른 영역으로 이동한다. 이러한 이동 과정에서 타이밍은 중요한 의미를 갖는다. 변화의 흐름을 이해하는 사람은 단순한 사건이 아니라 구조의 이동을 바라본다.

부에 대한 분노에 머무르는 태도는 감정적으로는 이해될 수 있지만, 경제적 기회를 포착하는 데에는 도움이 되지 않을 수 있다. 반면 구조적 변화를 관찰하는 시각은 자산의 흐름을 이해하고, 환경 변화 속에서 새로운 가능성을 인식하는 데 도움을 줄 수 있다.

    당신이 가난에서 빠져나오기 시작하는 단 하나의 변화

경제 환경은 도덕적 평가만으로 설명되지 않는다. 제도, 규제, 시장 원리, 참여자의 선택이 결합한 복합적인 구조 속에서 자산은 이동한다. 이 구조를 이해하는 순간 경제적 사건은 단순한 뉴스가 아니라 흐름의 변화로 읽히기 시작한다. 그리고 자본이 이동하는 순간을 이해하는 태도는 경제적 선택의 방향을 바꾸는 중요한 기준이 될 수 있다.

부자를 존경할 필요는 없다.

> 그러나 부의 흐름을 인정하는 순간
>
> 시야는 넓어진다.
>
> 분노에 머무르면 감정만 남지만,
>
> 흐름을 바라보면
>
> 기회가 보이기 시작한다.”

돈 이야기를 숨기지 않는 사람에게
기회가 모인다.

**많은 사회에서 돈에 관한 대화는
조심스럽게 다루어야 할 주제로 여겨진다.**

수입, 자산 규모, 투자 경험과 같은 내용은 사적인 영역으로 인식되며 공개적으로 이야기하는 것을 부담스럽게 느끼는 문화가 존재한다. 이러한 분위기 속에서 사람들은 경제적 상황에 대해 구체적으로 이야기하기보다 모호한 표현이나 일반적인 수준에서 대화를 마무리하는 경우가 많다.

돈에 대한 침묵은 갈등을 예방하고 사생활을 보호하는 측면에서 긍정적인 역할을 할 수 있다. 그러나 경제적 정보가 제한적으로 공유되는 환경에서는 현실적인 기준을 형성하기 어려워질 수 있다. 주변

당신이 가난에서 빠져나오기 시작하는 단 하나의 변화

사람들이 어떤 선택을 하고 있는지, 어떤 경험을 통해 판단 기준을 만들었는지 알기 어렵기 때문에 개인의 판단은 제한된 정보 안에서 이루어지기 쉽다.

경제적 선택은 정보에 의해 영향을 받는다. 특정 자산에 대한 이해, 금융 구조에 대한 지식, 세금과 제도에 대한 정보, 시장 변화에 대한 인식은 개인이 스스로 경험하기 전까지는 접하기 어려운 경우가 많다. 이러한 정보는 공식적인 교육 과정에서 충분히 다뤄지지 않기 때문에, 실제 경험이나 대화를 통해 공유되는 경우가 적지 않다.

돈에 대해 솔직하게 이야기할 수 있는 환경에서는 현실적인 기준이 형성되기 쉽다. 투자 경험에서 얻은 교훈, 예상치 못한 비용 구조, 재정 관리 과정에서의 시행착오와 같은 정보는 다른 사람의 선택에 실질적인 도움을 줄 수 있다. 이러한 경험의 공유는 단순한 조언을 넘어 경제적 판단 기준을 형성하는 데 중요한 역할을 한다.

또한 재정에 대해 열린 태도를 지닌 사람들은 다양한 관점을 접할 기회를 얻는다. 서로 다른 경험과 선택 과정을 공유하는 대화 속에서 경제적 의사결정 방식은 더욱 입체적으로 이해될 수 있다. 이는 특정 정보의 습득을 넘어 선택의 기준을 넓히는 과정과도 연결된다.

경제적 기회는 종종 정보와 연결되어 나타난다. 제도의 변화, 새로운 투자 구조, 정책 변화에 따른 시장 흐름과 같은 정보는 공식 발표 이후 빠르게 공유되지만, 실제 참여 경험에서 비롯된 해석과 판단 기준은 사람들 사이의 대화를 통해 확산하는 경우가 많다. 이러한 정보 흐름 속에서 경제적 판단의 속도와 방향은 달라질 수 있다.

물론 모든 재정 정보를 공개하는 것이 바람직하다는 의미는 아니다. 개인의 상황과 안전을 고려한 적절한 경계는 필요하다. 중요한 것은 돈을 주제로 한 대화 자체를 회피하지 않는 태도다. 경제적 선택과 경험에 대해 논의할 수 있는 환경은 현실적인 판단 기준을 형성하는 데 도움을 줄 수 있다.

돈에 관해 이야기하는 과정에서 사람들은 자신의 재정 상태를 객관적으로 바라보게 되기도 한다. 선택의 이유를 설명하고 경험을 공유하는 과정은 스스로의 판단 기준을 점검하는 계기가 되며, 이는 경제적 의사결정의 질을 높이는 요소로 작용할 수 있다.

또한 재정에 관한 대화는 경제적 네트워크 형성과도 연결된다. 정보와 경험을 공유하는 관계 속에서는 새로운 기회가 소개되거나 협력의 가능성이 생기기도 한다. 이는 단순한 인맥 형성을 넘어 경제적 선택의 폭을 넓히는 요소가 될 수 있다.

     당신이 가난에서 빠져나오기 시작하는 단 하나의 변화

경제적 격차는 정보 접근성의 차이에서 비롯되기도 한다. 유용한 정보를 접할 기회가 많을수록 판단 기준은 현실에 가까워지고, 다양한 경험을 간접적으로 이해할수록 선택의 정확도는 높아질 수 있다. 돈에 관해 이야기할 수 있는 환경은 이러한 정보 접근성을 높이는 역할을 한다.

돈에 관한 대화를 피하지 않는 태도는
자산을 자랑하기 위한 것이 아니라
현실을 이해하기 위한 과정에 가깝다.

> **"** 정보가 흐르는 곳에는 기회가 모이고,
> 경험이 공유되는 곳에서는
> 판단의 폭이 넓어진다."

그리고 경제적 선택은
그 차이 속에서 다른 방향으로 움직이기 시작한다.

비교를 멈추는 것이 아니라,
에너지로 전환하는 법

인간은 비교 속에서 살아간다.

태어나는 순간부터 우리는 다양한 기준 속에서 평가되고, 성장 과정에서도 끊임없이 비교의 대상이 된다. 성적, 학교, 직업, 소득, 거주 환경, 소비 수준까지 삶의 거의 모든 영역이 비교의 틀 안에서 인식된다. 비교히지 말라는 조언은 이상적으로 들릴 수 있지만, 현실 속에서 비교는 피할 수 없는 인간 경험의 일부에 가깝다.

비교는 사회적 위치를 이해하는 기준이 되기도 한다. 자신의 위치를 가늠하고 선택의 방향을 설정하는 과정에서 사람들은 타인의 삶을 참고하게 된다. 이는 단순한 경쟁심 때문이 아니라 환경 속에서 자신의 위치를 파악하려는 본능적인 인식 과정과 연결되어 있다.

그러나 경제적 영역에서의 비교는 종종 열등감과 좌절을 동반한다. 더 나은 주거 환경, 더 높은 소득, 더 빠른 자산 형성 속도를 목격할 때 사람들은 자신이 뒤처지고 있다는 감정을 경험하기 쉽다. 이러한 감정은 무력감으로 이어질 수도 있고, 경제적 격차를 개인의 한계로 받아들이게 만들 수도 있다.

비교에서 비롯된 감정이 부정적으로 작용할 때 사람들은 두 가지 반응을 보이기도 한다. 하나는 현실을 회피하며 비교 대상과 거리를 두는 방식이고, 다른 하나는 상대를 평가절하함으로써 심리적 균형을 유지하려는 태도다. 이러한 반응은 일시적인 심리적 안정을 제공할 수 있지만, 현실을 이해하는 기회를 줄일 수 있다.

비교는 불편한 감정을 유발하지만 동시에 중요한 정보를 제공하기도 한다. 자산 격차가 어떻게 형성되는지, 어떤 선택이 다른 결과를 만들어냈는지, 시간의 흐름 속에서 어떤 기준이 삶의 방향을 바꾸었는지를 이해하는 단서는 비교 속에서 드러나는 경우가 많다. 비교는 단순한 감정의 문제가 아니라 구조를 인식할 수 있는 창이 될 수 있다.

열등감은 피해야 할 감정으로 여겨지기 쉽지만, 방향을 바꾸는 계기가 되기도 한다. 현재 위치와 원하는 위치 사이의 간격을 인식하는 순간 사람들은 변화의 필요성을 느낄 수 있다. 이 간격은 좌절의 원인이 되기도 하지만, 동시에 움직이게 만드는 동력이 되기도 한다.

경제적 변화는 종종 불편한 감정에서 출발한다. 지금의 상태가 충분하지 않다는 인식, 더 나은 방향이 존재한다는 자각, 현재 선택 기준을 다시 살펴보게 만드는 불편함은 변화를 촉발하는 요소로 작용할 수 있다. 이러한 감정이 회피의 대상이 아니라 이해의 대상으로 전환될 때 비교는 새로운 의미를 갖게 된다.

중요한 것은 비교의 방향이다. 단순히 소비 수준이나 외형적 성취를 기준으로 비교할 때 상대적 박탈감은 커질 수 있다. 반면 선택 기준, 시간의 활용 방식, 자산 형성 과정과 같은 구조적 요소를 기준으로 비교할 때 비교는 학습의 과정으로 전환될 수 있다.

비교를 통해 자신의 위치를 인식하는 과정은 경제적 판단 기준을 형성하는 데 도움을 줄 수 있다. 다른 선택이 다른 결과를 만들어냈다는 사실을 이해하는 순간, 삶의 방향은 고정된 것이 아니라 변화할 수 있는 과정에 있다는 인식이 형성된다.

비교는 멈출 수 없는 인간의 본능에 가깝다. 그러나 그 비교가 좌절로 이어질지, 방향을 찾는 신호로 작용할지는 해석의 방식에 따라 달라질 수 있다. 열등감은 부정해야 할 감정이 아니라, 현재 위치와 미래 가능성 사이의 간격을 알려 주는 신호일 수 있다.

우리는 평생 비교 속에서 살아간다.
그 비교가 상처로 남을지,
움직이게 만드는 에너지로 바뀔지는
해석의 방식에 달려 있다.

** 열등감은 끝이 아니라

방향을 알려 주는 신호일 수 있다."

그리고 그 신호를
이해하는 순간,
경제적 삶의 움직임은
달라지기 시작한다.

소비 경쟁에서 내려오는 순간
자산의 속도가 달라진다.

**현대 사회에서 소비는 단순한 생활 활동을 넘어
자신의 위치를 표현하는 수단으로 작동하기도 한다.**

의류, 자동차, 주거 환경, 전자기기, 여행 경험과 같은 요소들은 개인의 취향을 보여주는 동시에 사회적 신호로 해석되기도 한다. 이러한 환경 속에서 사람들은 타인의 소비를 의식하게 되고, 자신의 선택이 비교의 대상이 될 수 있다는 사실을 자연스럽게 인식한다.

소비를 통해 자신을 표현하는 행위는 특별한 일이 아니다. 그러나 비교가 반복되는 환경에서는 소비가 필요를 충족하는 행위를 넘어 사회적 기준을 맞추기 위한 선택으로 변하기도 한다. 특정 브랜드나 고가의 제품이 성공과 여유의 상징처럼 인식될 때, 소비는 개인의 만족을 넘어 타인의 시선을 의식한 선택이 되기 쉽다.

타인의 소비를 마주할 때 느끼는 부러움은 자연스러운 감정이다. 더 좋은 물건, 더 높은 가격의 제품, 더 화려한 경험을 접하는 순간 사람들은 자신의 현재 상태를 돌아보게 된다. 그러나 이러한 감정이 반복될수록 소비는 만족을 위한 선택이 아니라 비교에서 뒤처지지 않기 위한 대응으로 변할 수 있다.

소비 경쟁 속에서는 기준이 계속 상승한다. 일정 수준에 도달하면 새로운 기준이 등장하고, 만족은 오래 지속되지 않는다. 이러한 구조에서는 소비가 삶의 질을 높이기보다 지속적인 비교 속에서 심리적 압박을 만들 가능성도 존재한다.

소비 경쟁에서 한발 물러나는 선택은 결핍을 의미하지 않는다. 오히려 자원을 어디에 사용할 것인지에 대한 우선순위를 스스로 설정하는 과정에 가깝다. 타인의 선택을 기준으로 삼기보다 자신의 방향에 맞는 판단을 내리는 순간 소비는 비교의 결과가 아니라 의도의 결과로 전환될 수 있다.

누군가 고가의 물건을 구매했다고 해서 반드시 동일한 선택을 해야 할 필요는 없다. 그 선택이 개인의 만족과 가치 기준에 부합할 수는 있지만, 모든 사람에게 동일한 우선순위를 의미하지는 않는다. 자원을 현재의 만족에 사용할 것인지, 미래의 가능성을 위해 배치할 것인지는 각자의 판단 기준에 따라 달라질 수 있다.

일부 사람들은 소비를 줄이는 것이 아니라 자원의 이동 방향을 바꾸는 선택을 한다. 단기적인 만족을 제공하는 지출 대신 시간이 지남에 따라 가치가 유지되거나 변화할 수 있는 영역에 자원을 배치함으로써 재정 구조의 방향을 조정하기도 한다. 이러한 선택은 외형적으로 드러나지 않을 수 있지만, 장기적으로 다른 결과를 만들어낼 수 있다.

이 과정에서 중요한 것은 결핍감이 아니라 선택의 의도다. 소비하지 않는 것이 아니라, 지금 사용하지 않는 자원이 다른 목적을 위해 사용되고 있다는 인식은 선택에 대한 만족도를 높일 수 있다. 이는 단순한 절제가 아니라 우선순위 설정의 문제에 가깝다.

또한 소비 경쟁에서 벗어나는 태도는 심리적 여유를 제공하기도 한다. 비교 기준에 맞추기 위한 선택에서 벗어나면 외부 기준에 대한 압박이 줄어들고, 자원을 스스로의 방향에 맞게 사용할 수 있는 자유가 커진다. 이러한 자유는 단기적인 만족과는 다른 형태의 안정감을 제공할 수 있다.

경제적 변화는 극단적인 절약에서만 시작되는 것이 아니다. 자원이 이동하는 방향을 의식적으로 선택하는 순간, 소비는 단순한 지출이 아니라 미래를 설계하는 과정으로 바뀔 수 있다. 이러한 선택은 외부에서 쉽게 보이지 않을 수 있지만, 시간이 흐르면서 분명한 차이를 만들어낸다.

누군가의 소비를 부러워하지 않는다는 것은
무언가를 포기했다는 의미가 아니다.
지금의 자원을 어디에 둘 것인지
스스로 선택하고 있다는 의미에 가깝다.

 현재의 과시보다

미래의 이동을 선택하는 순간,

자산의 흐름은

다른 방향으로 움직이기 시작한다."

기회를 기다리는 사람이 아니라
준비된 위치에 서는 사람

경제적 기회는 예고 없이 등장하는 경우가 많다.

시장 환경의 변화, 정책 전환, 산업의 성장, 지역의 변화와 같은 흐름은 특정 시점에 빠르게 움직이며, 그 순간을 인지하고 대응할 수 있는 사람에게 새로운 가능성을 제공한다. 이러한 변화는 미리 정확히 예측하기 어려우며, 언제 어떤 형태로 나타날지 분명하지 않은 경우가 대부분이다.

많은 사람들은 기회가 확실해진 이후에 움직이려 한다. 위험이 줄어들고 결과가 어느 정도 예상 가능해진 상태에서 참여하는 것이 안전하다고 느끼기 때문이다. 그러나 경제 환경에서 기회가 분명해진 시

 이 시점에서의 참여는 안정적일 수 있지만, 변화 초기의 기회를 경험하기는 어려울 수 있다.

기회를 포착하는 사람들은 예측 능력이 뛰어나서 움직이는 것이 아니라, 변화가 나타날 수 있는 위치에 스스로를 두고 있기 때문에 움직일 수 있다. 준비된 상태란 특정 결과를 확신하는 상태가 아니라, 변화가 발생했을 때 대응할 수 있는 조건을 갖춘 상태에 가깝다.

준비는 단순한 정보 수집이나 관심 수준에 머무르지 않는다. 경제 흐름을 이해하려는 지속적인 노력, 시장 변화를 관찰하는 습관, 재정 구조를 조정할 수 있는 유연성, 새로운 환경에 적응할 수 있는 태도는 모두 준비의 일부가 될 수 있다. 이러한 요소들은 시간이 흐르면서 축적되며, 변화의 순간에 대응할 수 있는 기반을 형성한다.

준비된 위치에 선다는 것은 자신의 선택을 특정 방향으로 정렬하는 과정과도 연결된다. 관심 있는 분야에 대한 이해를 높이고, 관련 정보를 지속적으로 접하며, 작은 경험을 통해 판단 기준을 형성하는 과정은 스스로를 기회가 나타날 가능성이 높은 환경에 두는 행동에 가깝다.

또한 준비는 단기간의 집중으로 완성되지 않는다. 경제적 흐름은 장기적인 시간 속에서 형성되기 때문에 지속적인 관심과 노력이 필요하다. 이러한 과정은 눈에 띄는 성과를 즉시 만들어내지 않을 수 있지만, 변화가 나타나는 순간 대응 속도의 차이를 만들어낼 수 있다.

준비에 몰입하는 태도는 선택의 방향을 분명하게 만든다. 무엇을 우선순위에 둘 것인지, 어떤 영역의 시간을 투자할 것인지, 어떤 경험을 축적할 것인지에 관한 판단은 장기적으로 경제적 위치에 영향을 미칠 수 있다. 준비는 결과를 보장하지 않지만, 기회를 인식하고 대응할 가능성을 높인다.

많은 사람들은 기회를 특별한 순간에만 나타나는 사건으로 생각한다. 그러나 실제로 기회는 환경 변화 속에서 반복적으로 나타나며, 준비된 사람에게는 더 자주 인식될 수 있다. 동일한 변화 속에서도 누군가는 가능성을 발견하고, 누군가는 단순한 뉴스로 지나칠 수 있다.

준비된 상태는 완벽함을 의미하지 않는다. 불확실성이 존재하는 환경 속에서도 움직일 수 있는 기준을 갖춘 상태에 가깝다. 이러한 기준은 경험과 관찰, 학습과 시행착오를 통해 형성되며 시간이 흐르면서 더욱 정교해질 수 있다.

경제적 변화는 기다림 속에서 만들어지기보다, 준비된 상태에서 포착되는 경우가 많다. 변화가 나타나는 순간 이미 준비된 사람은 움직일 수 있고, 준비되지 않은 상태에서는 같은 변화를 바라보면서도 참여하기 어렵다.

**기회는 예측하는 사람이 아니라
준비된 위치에 선 사람에게 보인다.**

> 그리고 준비는
>
> 결과를 기다리는 시간이 아니라
>
> 스스로를 그 위치에 올려놓는 과정이다."

변화의 순간은 언제 올지 알 수 없지만,
준비된 사람은 그 순간을 지나치지 않는다.

기준이 바뀌는 순간
삶의 방향이 달라지기 시작한다.

사람의 선택은 우연히 이루어지는 것처럼 보이지만,

실제로는 보이지 않는 기준에 의해 결정되는 경우가 많다.

무엇을 중요하게 여기는지, 어떤 요소를 우선순위에 두는지, 어떤 기준으로 판단하는지에 따라 같은 상황에서도 서로 다른 선택이 이루어진다. 이러한 기준은 일상에서 반복적으로 작동하며 삶의 방향을 형성한다.

경제적 선택 역시 기준의 영향을 받는다. 가격을 중심으로 판단하는 기준, 편리함을 우선하는 기준, 현재 만족을 중시하는 기준, 안정성을 최우선으로 두는 기준은 각각 다른 재정 구조를 만들어낼 수 있다. 동일한 소득 수준에서도 자산의 방향이 달라지는 이유는 선택의 순간마다 적용되는 기준이 서로 다르기 때문이다.

기준은 대부분 의식적으로 설정되기보다 환경과 경험 속에서 형성된다. 성장 과정에서 접한 가치관, 주변 환경에서 관찰한 소비 패턴, 사회적 기준에 대한 인식은 개인의 판단 기준에 영향을 미친다. 이러한 기준은 익숙하여서 특별히 의식하지 않아도 선택의 방향을 결정짓는 역할을 한다.

경제적 변화는 큰 결심에서 시작되기보다 기준을 다시 인식하는 순간 시작될 수 있다. 무엇을 우선순위에 둘 것인지, 자원을 어떤 방향으로 이동시킬 것인지, 현재의 선택이 미래에 어떤 영향을 미칠 것인지에 대한 기준이 달라지는 순간 판단의 결과 역시 달라질 수 있다.

기준이 바뀌면 같은 상황도 다르게 해석된다. 소비는 단순한 만족이 아니라 자원의 배치로 인식되고, 소득은 생활 유지의 수단을 넘어 자산 구조를 설계하는 요소로 이해되며, 시간은 소비되는 자원이 아니라 축적과 변화의 핵심 요소로 재해석된다. 이러한 변화는 행동 이전에 인식의 전환에서 시작된다.

또한 기준은 변화의 시점을 결정짓는 요소이기도 하다. 같은 정보를 접하더라도 어떤 기준으로 해석하느냐에 따라 행동 시점은 달라질 수 있다. 변화를 기다리는 태도와 변화를 준비하는 태도 사이의 차이는 정보의 양이 아니라 해석 기준의 차이에서 비롯될 수 있다.

마음가짐은 기준을 유지하게 만드는 힘으로 작용한다. 단기적인 감정이나 외부 환경의 영향 속에서도 스스로 설정한 기준을 유지할 수 있을 때 선택의 방향은 일관성을 갖게 된다. 이러한 일관성은 시간이 흐르면서 누적 효과를 만들어내며, 경제적 결과 역시 그 흐름 속에서 형성된다.

변화는 특정한 순간에 완성되는 사건이 아니라 반복되는 선택 속에서 서서히 나타난다. 기준이 바뀌면 선택이 달라지고, 선택이 달라지면 자원의 흐름이 바뀌며, 그 흐름은 시간이 흐르면서 결과의 차이로 나타난다. 이 과정은 단기간에는 눈에 띄지 않을 수 있지만 일정 시간이 지난 후 분명한 방향의 차이를 만들어낸다.

경제적 격차는 특별한 능력의 차이만으로 설명되지 않는다. 반복되는 선택의 기준이 다를 때 자원의 이동 방향은 달라지고, 시간의 흐름 속에서 그 차이는 점진적으로 확대될 수 있다. 기준은 눈에 보이지 않지만, 결과를 형성하는 중요한 요소로 작용한다.

여기서 중요한 사실은 기준은 고정된 것이 아니라 스스로 재설정할 수 있다는 점이다. 어떤 기준으로 판단할 것인지 의식적으로 선택하는 순간, 삶의 방향 역시 변화할 수 있는 영역 안에 놓이게 된다. 변

화의 출발점은 거대한 결심이 아니라 기준을 다시 설정하는 순간에
존재할 수 있다.

삶의 방향은 어느 날 갑자기 바뀌지 않는다. 그러나 기준이 달라지는
순간, 선택의 방향은 달라지기 시작한다. 그리고 그 선택이 반복되
는 시간 속에서 경제적 삶의 흐름은 새로운 방향으로 움직이게 된다.

하지 말자

경제적 성장을 막는 착각과 허세를 버려라.
경제적 성장을 이야기할 때 많은 사람들은
무엇을 더 해야 하는지에 집중한다.
더 배우고, 더 노력하고, 더 벌고, 더 투자해야 한다는 조언은
익숙하게 들린다.
그러나 현실에서는 무엇을 더하기 전에 먼저
멈춰야 할 태도와 습관이 존재한다.

잘못된 방향으로 계속 움직이는 노력은 속도를 높일 뿐, 원하는 결과에 가까워지게 만들지는 않는다.

경제적 삶이 정체되는 이유는 지식의 부족보다 태도의 문제에서 비롯되는 경우가 많다. 현실을 외면하는 낙관, 과장된 자신감, 타인의 시선을 의식한 소비, 실제보다 과장된 표현, 근거 없는 확신은 일시적으로 심리적 만족을 줄 수 있지만 장기적으로는 판단 기준을 흐리게 만들 수 있다. 이러한 태도는 경제적 선택을 현실이 아닌 이미지에 맞추도록 만들기도 한다.

현대 사회에서는 자신을 표현하는 방식이 다양해졌다. 개인의 일상과 생각을 공유하는 문화 속에서 사람들은 자신의 삶을 타인에게 보여주는 데 익숙해졌다. 이러한 환경은 긍정적인 소통의 기능을 수행하기도 하지만, 동시에 실제보다 나은 모습으로 보이고자 하는 압박을 만들어내기도 한다. 현실보다 앞선 이미지를 유지하려는 태도는 재정 상태와 선택 기준 사이의 간격을 키울 수 있다.

경제적 성장은 현실 인식에서 출발한다. 현재 위치를 정확히 이해하고, 선택의 결과를 있는 그대로 받아들이며, 감정이 아닌 구조를 기준으로 판단할 때 방향 설정이 가능해진다.

또한 과장된 표현은 스스로에게 잘못된 신호를 보내기도 한다. 아직 이루지 못한 상태에 이미 도달한 것처럼 말하거나, 미래의 계획을 현재의 성취처럼 표현하는 습관은 일시적인 만족감을 줄 수 있다. 하지만 이러한 태도가 반복될수록 실제 행동의 긴장감은 약해지고, 변화에 필요한 집중력 역시 분산될 수 있다.

경제적 여건 속에는 이미 다양한 전문가와 경험자가 존재한다. 정보가 빠르게 공유되는 시대에는 표면적인 지식만으로 전문성을 가장하기 어렵고, 과장된 표현은 쉽게 드러날 수 있다. 현실보다 앞선 이미지를 유지하려는 태도는 신뢰를 약화하고, 장기적으로 관계와 기회의 기반을 약하게 만들 수 있다.

허세는 종종 비교와 불안에서 비롯된다.

뒤처지고 싶지 않다는 감정, 부족해 보이고 싶지 않다는 심리는 현실보다 나은 모습을 보이려는 행동으로 이어질 수 있다. 그러나 이러한 선택은 단기적인 체면을 지킬 수는 있어도 장기적인 경제적 안정과는 거리가 있을 수 있다.

경제적 성장을 위해 필요한 것은 완벽한 이미지가 아니라 일관된 방향이다. 현실을 인정하고 현재 위치에서 가능한 선택을 반복하는 태도는 외형적으로 드러나지 않을 수 있지만 시간이 흐르면서 분명한 결과를 만들어낸다. 반면 이미지를 유지하기 위한 선택은 지속적인 에너지를 요구하며 재정 구조에 부담을 줄 수 있다.

또한 삶의 계획을 과도하게 공개하거나 단정적으로 선언하는 태도는 스스로에게 불필요한 압박을 줄 수 있다. 미래의 목표는 방향을 제시하는 역할을 하지만, 선언이 행동을 대신할 수는 없다.

조용한 실행이 반복될 때 변화는 현실 속에서 축적된다. 경제적 변화는 무엇을 더하는 것보다, 불필요한 요소를 제거하는 과정에서 시작되기도 한다. 현실을 가리는 태도, 과장된 표현, 비교 속에서 형성된 소비, 근거 없는 확신을 내려놓는 순간 판단 기준은 보다 명확해질 수 있다.

**경제적 성장을 막는 것은 부족함이 아니라
현실을 가리는 착각과 허세일 수 있다.
이미지를 유지하기보다 방향을 유지할 때,
변화는 조용하지만 분명하게 나타난다.**

그리고 불필요한 태도를 내려놓는 순간, 경제적 선택은 현실에 가까워지기 시작한다.

파이어족 선언부터 하지 말자

요즘 유독 "경제적 자유"와 조기 은퇴를 외치는 사람들이 많다.

직장 생활을 오래 할 필요 없고, 빠르게 자산을 모아 일을 그만두겠다는 계획은 듣기에는 멋져 보인다. 그러나 현실에서 이 말을 반복하는 사람들을 자세히 보면, 자유를 향한 전략이라기보다 현재의 삶에서 벗어나고 싶은 감정에 더 가까운 경우가 적지 않다.

경제적 자유는 결과다. 과정 없이 선언만으로 만들어지지 않는다. 그런데도 아직 자산 구조도, 소득 구조도, 전문성도 충분히 형성되지 않은 상태에서 조기 은퇴를 목표처럼 말하는 태도는 방향 설정이라기보다 심리적 위안에 가깝다. 지금의 현실이 만족스럽지 않다는 사실을 인정하기보다 "곧 벗어날 것"이라는 상상을 통해 현재를 견디는 방식에 가까운 것이다.

현실에서 자산을 형성한 사람들을 보면 노동을 벗어나야 할 짐처럼 여기지 않는다. 자신이 하는 일에서 의미를 찾거나, 전문성을 통해 시장에서 위치를 강화하며, 활동 자체를 삶의 일부로 받아들인다. 충분한 경제적 기반을 갖춘 이후에도 일을 지속하는 사람들이 많은 이유는 단순히 돈 때문이 아니라 일의 가치와 정체성을 함께 인식하고 있기 때문이다.

반면 일을 오직 벗어나야 할 대상으로 인식하는 순간 목표는 성장보다 탈출이 된다. 탈출 중심의 목표는 현재의 직업과 전문성을 축적할 기회를 약화하고, 장기적인 경쟁력을 형성하는 과정 대신 단기적 결과에 집착하게 만든다. 이 상태에서는 경제적 전략이 아니라 심리적 탈출구를 찾는 행동이 반복될 가능성이 높다.

경제적 자유를 말하면서도 정작 자신의 직업에 대한 자부심이나 전문성에 대한 고민이 없는 경우도 많다. 만약 지금 하는 일이 의미 없고 지속할 가치가 없다고 느껴진다면, 은퇴 시점이 아니라 현재의 방향일 수 있다. 직업에서 가치를 발견하지 못한 상태에서 조기 은퇴만을 목표로 삼는 태도는 근본적인 문제를 미루는 방식에 가깝다.

또한 조기 은퇴를 목표로 설정하면서 현재의 삶을 극단적으로 희생하는 방식 역시 장기적으로 지속 가능하지 않을 수 있다. 삶의 균형 없이 미래만을 위해 현재를 소모하는 구조는 목표 달성 이후에도 만족을 보장하지 않는다. 자유는 특정 시점에 도달하는 사건이 아니라, 삶의 구조 속에서 지속적으로 경험되는 상태에 가깝다.

경제적 자유는 일을 완전히 중단하는 상태가 아니라 선택권이 확보된 상태에 가깝다. 계속 일할지, 활동 강도를 줄일지, 새로운 분야에 도전할지 스스로 결정할 수 있는 상태가 자유다. 단순히 일을 그만두는 상태는 자유가 아니라 선택지를 잃는 상태가 될 수도 있다.

경제 환경은 끊임없이 변화한다. 산업 구조가 바뀌고, 직업 안정성이 달라지며, 예상하지 못한 변수들이 발생한다. 활동을 완전히 중단하는 구조는 이러한 변화에 대응할 여지를 줄일 수 있다. 반면 전문성과 경험을 유지하며 유연하게 대응할 수 있는 구조는 불확실성 속에서 더 큰 안정성을 제공할 수 있다.

경제적 자유를 목표로 삼는 것은 문제가 아니다. 그러나 그 목표가 현실을 직면한 전략인지, 현재를 회피하려는 감정인지 스스로 점검할 필요가 있다. 탈출을 꿈꾸는 태도는 방향을 흐리게 만들고, 선택의 자유를 확보하려는 태도는 삶의 가능성을 넓힌다.

일을 끝내는 것이 목표라면 방향은 좁아진다.
선택할 수 있는 삶을 만드는 것이 목표라면 가능성은 넓어진다.
경제적 자유는 선언으로 시작되지 않는다.
현실을 직면하는 순간부터 시작된다.

잘사는 척하며 소비하지 말자

사람은 누구나 좋아 보이고 싶어 한다.

사회 속에서 인정받고 싶고, 부족해 보이고 싶지 않으며, 타인의 시선 속에서 자신을 긍정적으로 표현하고 싶어 한다. 이러한 욕구는 자연스럽다. 그러나 경제적 현실보다 앞선 이미지를 유지하려는 선택이 반복되기 시작하면, 그 순간부터 소비는 필요가 아니라 연출이 된다.

문제는 연출에는 비용이 따른다는 점이다. 현재의 재정 상태가 감당할 수 있는 수준을 넘어서는 소비는 단순한 지출이 아니라 미래의 선택지를 줄이는 행위가 될 수 있다. 소득이 이를 따라가지 못하는 상황에서 이미지를 유지하기 위한 지출이 반복되면, 경제적 구조는 점점 압박을 받게 된다.

잘사는 척하는 소비는 처음에는 작은 선택처럼 보인다. 조금 더 좋은 물건, 조금 더 비싼 장소, 조금 더 화려한 경험이 자신의 위치를 보여주는 것처럼 느껴질 수 있다. 그러나 이러한 선택이 반복되면서 소비 기준이 높아지면, 그 기준을 유지하기 위한 비용 역시 함께 상승한다.

이미지를 유지하기 위한 소비는 쉽게 줄이기 어렵다. 한 번 형성된 기준은 스스로에게 기대치를 만들고, 주변의 인식 역시 그 기준을 전제로 형성되기 때문이다. 이 상태에서 소비 수준을 낮추는 선택은 단순한 지출 조정이 아니라 이미지의 하향처럼 느껴질 수 있다. 결국 경제적 현실보다 이미지 유지를 우선하는 구조가 만들어진다.

또한 허세 소비는 경제적 신뢰에도 영향을 줄 수 있다. 재정 상태와 소비 수준 사이의 간격이 클수록 장기적인 관계 속에서 신뢰는 약화할 가능성이 있다. 경제적 안정은 화려한 소비보다 일관된 선택 속에서 드러나는 경우가 많으며, 과장된 소비는 오히려 불안정함을 드러내는 신호로 해석될 수 있다.

이미지를 유지하기 위한 소비는 기회비용을 동반한다. 현재의 만족을 위해 사용된 자원은 다른 선택지에 사용될 가능성을 줄이며, 시간이 흐를수록 그 차이는 누적될 수 있다. 소비 자체가 문제가 아니라, 현실보다 앞선 이미지를 유지하기 위한 소비 구조가 장기적 선택을 제한할 수 있다는 점이 중요하다.

경제적 안정은 외형에서 드러나는 경우보다 보이지 않는 구조 속에서 형성되는 경우가 많다. 자산 구조, 현금 흐름, 재정적 여유와 같은 요소들은 화려하게 표현되지 않지만, 장기적인 안정성을 만들어내는 기반이 된다. 반면 이미지를 유지하기 위한 소비는 외형적으로 드러날 수 있지만 지속 가능성을 보장하지는 않는다.

또한 자신을 과장되게 표현하는 태도는 스스로에게 잘못된 기준을 만들기도 한다. 아직 도달하지 않은 상태에 이미 도달한 것처럼 연출하는 습관은 현실 점검의 필요성을 흐리게 만들고, 변화에 필요한 긴장감을 약화할 수 있다. 현실을 정확히 인식할 때 선택의 방향은 분명해질 수 있다.

경제적 여유는 보이는 것에서 비롯되지 않는다. 오히려 보이지 않는 선택 속에서 형성되는 경우가 많다. 과시보다 안정, 연출보다 구조, 이미지보다 지속 가능성을 선택하는 태도는 외부에서 크게 드러나지 않을 수 있지만 시간이 흐르면서 분명한 차이를 만들어낸다.

잘사는 척하는 소비는 잠시의 만족을 줄 수 있다.
그러나 그 이미지를 유지하기 위해
미래의 선택을 포기할 필요는 없다.

" 현실보다 앞선 이미지를 유지하기보다

현실에 맞는 선택을 유지할 때,

경제적 안정은 조용히 축적되기 시작한다."

전문가인 척 떠들지 말자

정보가 넘쳐나는 시대에는 누구나 쉽게 지식을 접할 수 있다.

몇 편의 영상과 몇 개의 글을 통해 특정 분야의 흐름을 빠르게 이해한 것처럼 느끼는 경험은 낯설지 않다. 문제는 이 지식이 이해의 시작점이라는 사실을 잊어버리는 순간부터 시작된다.

겉으로 드러난 정보는 전체 구조의 일부에 불과하다. 표면적인 흐름을 이해하는 것과 실제 구조를 이해하는 것은 전혀 다른 차원의 문제다. 그러나 사람들은 단편적인 정보를 접한 뒤 이미 충분히 이해했다고 판단하고, 확신에 찬 태도로 의견을 단정적으로 표현하기 시작한다.

이러한 태도는 단순한 실수가 아니라 경제적 판단 오류로 이어질 수 있다. 시장은 복잡한 변수와 구조 속에서 움직이며, 단순한 공식처럼 작동하지 않는다. 얕은 이해를 기반으로 한 확신은 위험을 과소평가하게 만들고, 불확실성을 충분히 고려하지 못하게 만든다.

또한 과장된 확신은 신뢰를 약화한다. 실제 경험과 검증된 이해 없이 전문가처럼 단정적으로 말하는 태도는 시간이 지나면서 드러나기 마련이다. 정보 접근성이 높아진 환경에서는 표면적인 지식과 깊이 있는 이해의 차이가 빠르게 드러나며, 신뢰는 한 번 손상되면 회복하기 어렵다.

현실에서 경험을 축적한 사람일수록 단정적인 표현을 경계하는 경우가 많다. 시장의 불확실성과 변수의 복잡성을 이해하기 때문에 가능성과 위험을 함께 고려하는 태도를 유지한다. 반면 경험이 부족할수록 확신에 찬 표현을 선호하게 되는 경향이 있다.

전문가인 척하는 태도는 단순히 신뢰 문제로 끝나지 않는다. 스스로의 판단 기준을 왜곡시키는 역할도 한다. 이미 알고 있다는 확신은 추가적인 학습과 검증의 필요성을 약화하고, 새로운 정보에 대한 개방성을 줄인다. 결과적으로 성장의 속도는 느려질 수 있다.

또한 과장된 확신은 관계 속에서 기회를 제한할 수 있다. 협업과 정보 교류는 신뢰를 기반으로 이루어지는데, 단정적 태도는 대화를 좁히고 다양한 관점을 수용하는 과정을 어렵게 만들 수 있다. 경제적 기회는 정보와 관계 속에서 형성되는 경우가 많다는 점을 고려하면 이러한 태도는 장기적으로 손실을 만들 수 있다.

모든 분야를 깊이 이해하는 것은 불가능하다. 중요한 것은 모르는 영역을 인정하는 태도와 이해가 필요한 부분을 지속적으로 탐색하는 자세다. 이는 약점이 아니라 학습의 출발점이며, 장기적으로 판단 기준을 정교하게 만드는 과정이다.

빠르게 아는 것처럼 보이는 태도는 일시적인 인상을 줄 수 있지만, 지속 가능한 판단력은 반복적인 검증과 경험 속에서 형성된다. 이러한 과정은 겉으로 드러나지 않지만, 시간이 흐르면서 분명한 차이를 만들어낸다. 전문가처럼 보이려는 태도는 잠시의 인정을 받을 수 있다. 그러나 실제 이해를 쌓아가는 태도는 오래 지속되는 신뢰를 만든다.

> **모르는 것을 인정하는 순간 배움이 시작되고,
> 배움이 시작되는 순간 판단의 깊이는 달라진다.”**

확신보다 이해를 선택할 때, 경제적 선택의 정확성은 높아진다.

미래 계획을 떠벌리지 말자

사람들은 계획을 말하는 순간
이미 절반은 해낸 것처럼 느끼는 경향이 있다.

새로운 목표, 투자 계획, 사업 아이디어, 경제적 목표를 주변에 이야기하면 스스로 의욕이 높아진 것처럼 느껴지고, 타인의 반응 속에서 인정받는 감정까지 경험하게 된다. 문제는 이 순간 행동이 아니라, 말이 성취감을 대신하기 시작한다는 점이다.

목표를 공개하는 행위는 동기 부여가 될 수도 있지만, 동시에 실행 에너지를 분산시키는 역할을 하기도 한다. 계획을 말하는 과정에서 이미 심리적 보상을 경험하게 되면 실제 행동을 통해 얻어야 할 긴장감이 약해질 수 있다. 결과적으로 말은 늘어나고 실행은 늦춰지는 구조가 만들어질 수 있다.

또한 계획을 공개하는 순간 외부의 시선이 개입된다. 타인의 기대, 조언, 우려, 부정적인 의견은 본인의 판단 과정에 영향을 미칠 수 있다. 아직 충분히 검증되지 않은 단계에서 다양한 의견이 유입되면 방향 설정이 흐려지고, 초기 실행 단계에서 필요한 집중력이 분산될 가능성도 존재한다.

경제적 계획은 초기 단계일수록 조용히 축적되는 시간이 필요하다. 판단 기준을 정리하고, 정보의 정확성을 확인하며, 실행 가능성을 점검하는 과정은 외부의 반응보다 개인의 사고 과정에서 이루어질 때 안정적으로 진행될 수 있다. 준비 단계에서의 과도한 공개는 방향보다 반응에 집중하게 만들 수 있다.

또한 계획을 반복적으로 말하는 습관은 스스로에게 잘못된 신호를 보내기도 한다. 아직 실행되지 않은 계획이 반복적으로 언어화될수록 이미 진행 중인 것처럼 느껴질 수 있으며, 이 착각은 행동의 시급성을 낮추는 요인이 될 수 있다. 실행 이전의 확신은 행동 이후의 결과와는 다른 차원의 만족을 제공하기 때문에, 행동의 긴장감이 줄어드는 현상이 발생할 수 있다.

167

실제로 성과를 만들어내는 사람 중 상당수는 준비 과정에서 조용히 움직인다. 계획이 완성되기 전까지는 외부에 과도하게 알리지 않고, 실행이 일정 수준 진행된 이후에야 결과를 공유하는 태도를 유지한다. 이는 비밀주의라기보다 실행 과정에 필요한 집중력을 보호하기 위한 선택에 가깝다.

또한 계획이 공개될수록 실패의 부담이 커질 수 있다. 아직 불확실성이 높은 단계에서 목표를 널리 알릴 경우, 결과가 예상과 다르게 전개될 때 심리적 부담이 증가하고 이후 행동을 위축시키는 요인이 될 수 있다. 초기 단계에서는 실패 가능성을 포함한 다양한 시도를 경험하는 과정이 필요하다.

경제적 변화는 말에서 시작되지 않는다. 반복적인 행동과 수정 과정에서 방향이 정교해지며, 실행의 축적 속에서 결과가 형성된다. 계획은 방향을 제시하지만, 행동이 없다면 그 방향은 현실 속에서 구현되지 않는다.

말은 동기를 표현할 수 있지만 결과를 만들지는 않는다. 계획을 말하는 순간 만족을 얻기보다, 행동을 통해 결과를 만드는 과정이 필요하다. 조용히 움직이는 시간은 눈에 띄지 않지만, 그 시간 속에서 변화는 실제로 축적된다.

얘들아! 나 이번에 정말 멋진 주식 및 저축 계획을 세웠어!
위험하지 않아?
와, 정말 대단하다! 또 무리하는 거 아니야?
계획만은 최고!
위험하지 않아?
이번엔
우와 대단하다!
무리하는 거 아니야?
머릿속이 복잡해서 집중이 안 돼...
조용히 뿌리 내리는 과정
하지만 남의 말보다 내 연구가 더 중요해.
호오, 이 계획대로라면 난 이미 성공한 것이나 다름없어!
계획 실행: 0건, 시간은 5시...

집이 없으면 다른 것부터 사지 말자

돈을 벌기 시작하면 사람들은 가장 먼저
삶을 업그레이드하고 싶어진다.

더 좋은 차, 더 좋은 옷,
더 좋은 전자기기, 더 나은 취미 생활. 눈앞의 삶이 좋아지는 느낌은
분명 만족스럽다. 문제는 많은 사람들이 경제적 기반이 만들어지기
도 전에 소비 수준부터 올려버린다는 점이다.

현실에서는 순서가 바뀐 선택이 반복된다. 자산은 아직 없는데 소비
는 이미 높은 수준에 도달해 있다. 통장은 여유롭지 않은데 생활 수
준은 낮추기 어려운 구조가 만들어진다. 이렇게 시작된 소비 구조는
이후의 모든 경제적 선택을 제약하는 기준이 된다.

특히 눈에 보이는 소비는 즉각적인 만족을 준다. 좋은 차를 타고, 브랜드 옷을 입고, 비싼 기기를 사용하는 순간 사람은 자신이 더 나아진 삶을 살고 있다고 느낀다. 그러나 이러한 만족은 유지 비용을 동반한다. 보험료, 감가상각, 유지비, 교체 비용, 반복 지출은 조용히 재정 구조를 압박하기 시작한다.

문제는 소비 수준은 쉽게 올라가지만, 다시 낮추기는 매우 어렵다는 점이다. 한 번 익숙해진 생활 기준은 스스로에게 '기본값'이 된다. 이 기준을 유지하기 위해 사람은 더 많은 지출을 감당해야 하고, 그 결과 자산 형성을 위한 여유 자금은 점점 줄어든다.

많은 사람들이 돈을 벌어도 여유를 느끼지 못하는 이유가 여기에 있다. 수입은 증가했지만, 소비 기준이 함께 상승해 버린 것이다. 소득은 늘었지만 남는 돈은 여전히 없고, 경제적 불안감은 줄어들지 않는다. 삶은 분명 좋아진 것 같은데 미래는 여전히 불안한 상태가 지속된다.

반면 경제적으로 안정된 기반을 가진 사람들은 소비의 순서를 다르게 설정한다. 먼저 삶을 지탱하는 기반을 구축하고, 그 위에서 소비를 확장한다. 기반이 만들어진 이후의 소비는 삶의 만족을 높이지만, 기반 없이 확장된 소비는 삶의 안정성을 흔들 수 있다.

여기서 말하는 기반은 단순한 소유의 개념이 아니다. 안정적인 거주 구조, 예측할 수 있는 생활비 구조, 장기적인 재정 계획이 가능한 상태는 경제적 삶의 중심축 역할을 한다. 이 중심축이 없을 때 소비는 삶을 풍요롭게 만들기보다 불안을 가리는 장식이 되기 쉽다.

많은 사람들이 보이는 것에 먼저 투자한다. 눈에 보이는 변화는 주변의 반응을 바꾸고, 스스로에게 성취감을 주기 때문이다. 그러나 보이지 않는 기반은 당장 드러나지 않는다. 그래서 사람들은 장식을 먼저 만들고 기초 공사를 나중에 하려 한다. 문제는 장식은 삶을 버티게 해주지 않는다는 점이다.

소비는 삶을 즐겁게 만들 수 있다. 그러나 기반을 대신할 수는 없다. 기반 없이 확장된 소비는 유지해야 할 부담이 되고, 예상치 못한 변화가 발생했을 때 삶을 빠르게 흔들 수 있다. 반면 기반 위에서 이루어지는 소비는 불안을 동반하지 않는다.

집이 없다는 것은 단순히 소유의 문제가 아니다.
삶을 버틸 구조가 아직 고정되지 않았다는 의미일 수도 있다.
기반이 없는 상태에서 소비부터 늘리면
삶은 화려해 보일 수 있지만 속은 점점 불안해진다.
보여지는 삶보다 버틸 수 있는 삶을 먼저 만들 때,
경제적 안정은 비로소 시작된다.

전세와 월세에 머무르는 삶에
익숙해지지 말자

많은 사람들이 전세나 월세, 공공임대주택에서 생활을 시작한다.

현실적으로 초기 자산이 부족하거나, 소득 기반이 안정되지 않았거나, 인생의 전환기에 있다면 이러한 선택은 불가피할 수 있다. 이 자체가 문제는 아니지만, 그 상태에 너무 오래 익숙해지는 순간부터 문제가 시작된다.

임시 거주 상태는 본래 '과정'이다. 그러나 시간이 흐르면서 사람들은 이를 하나의 안정된 상태처럼 받아들이기 시작한다. 계약을 갱신하고, 이사를 반복하고, 주거 환경의 변화를 수동적으로 받아들이는 과정에서 삶의 중심이 외부 조건에 의해 결정되는 구조가 형성된다.

주거가 고정되지 않은 상태에서는 장기적인 계획을 세우기 어렵다. 거주 기간이 제한되어 있고, 재계약 여부가 불확실하며, 예상치 못한 이동이 발생할 수 있는 환경에서는 삶의 기반이 외부 조건에 의존하게 된다. 이러한 환경은 재정 계획뿐 아니라 생활의 안정감에도 영향을 미친다.

특히 전세나 월세 구조는 매달 지출이 반복되거나 목돈이 묶이는 구조를 만든다. 이 과정에서 자산이 축적되기보다 비용으로 소모되는 흐름이 지속될 수 있다. 주거 비용은 삶에 필수적인 지출이지만, 장기적인 관점에서 어떤 구조를 선택하느냐에 따라 경제적 방향은 달라질 수 있다.

임대 주거 환경에 장기간 머무르게 되면 사고방식에도 변화가 나타날 수 있다. 공간이 완전히 자신의 것이 아니라는 인식은 장기적인 계획보다 단기적인 편의에 초점을 맞추게 만들 수 있으며, 삶의 구조를 안정적으로 설계하려는 동기를 약화할 가능성도 존재한다.

물론 모든 사람이 즉시 주거 기반을 마련할 수 있는 것은 아니다. 현실적인 제약은 분명 존재하며, 각자의 상황에 따라 시간이 필요할 수 있다. 중요한 것은 현재 상태를 영구적인 조건으로 받아들이지 않는 태도다. 임시 상태를 과정으로 인식할 때 방향은 유지될 수 있다.

주거 기반에서 벗어나려는 의지는 경제적 선택의 우선순위를 바꾼다. 소비 기준이 달라지고, 지출의 방향이 조정되며, 장기적인 재정 계획에 관한 관심이 높아진다. 이러한 변화는 단기간에 결과를 만들지 않을 수 있지만, 시간이 흐르면서 경제적 안정으로 이어질 가능성을 높인다.

많은 사람들은 현실을 이유로 방향 설정 자체를 미루기도 한다. 그러나 방향을 미루는 동안 시간은 그대로 흐르고, 그 시간 속에서 자산 격차는 점점 확대될 수 있다. 준비가 완벽해질 때까지 기다리는 태도보다, 방향을 정한 뒤 가능한 범위 내에서 움직이는 태도가 더 현실적인 선택일 수 있다.

주거 기반을 마련한다는 것은 단순한 소유의 문제가 아니라 삶의 중심을 스스로 설정하는 과정과도 연결된다. 외부 조건에 따라 이동하는 구조에서 벗어나 자신의 기준에 맞는 삶의 틀을 만들어 가는 과정은 경제적 안정뿐 아니라 심리적 안정에도 영향을 미친다.

전세와 월세가 잘못된 선택은 아니다.

그러나 그 상태에 머무르는 것을

당연한 삶으로 받아들이는 순간

변화의 가능성은 점점 멀어진다.”

지금은 어쩔 수 없는 선택일 수 있다.

하지만 그 상태에 익숙해지는 것은 선택이 된다.

벗어나겠다는 방향을 잃지 않을 때,

경제적 삶의 흐름은 달라지기 시작한다.

잘 모르는 것에 투자하지 말자

투자를 시작하는 순간 사람들은 새로운 기회를 찾고 싶어 한다.

남들보다 먼저 발견한 정보, 아직 널리 알려지지 않은 종목, 빠르게 성장할 것 같은 분야는 특별한 기회를 잡는 느낌을 준다. 그러나 투자에서 '새로운 것'과 '이해된 것'은 전혀 다른 개념이다.

많은 사람들이 손실을 경험하는 이유는 시장이 어렵기 때문이 아니라, 자신이 이해하지 못한 영역에 자금을 투입하기 때문이다. 구조를 모른 채 진입한 자산은 가격이 오를 때는 기대를 키우지만, 하락이 시작되는 순간 판단 기준을 잃게 만든다. 이해가 없는 상태에서는 변동성을 견딜 근거도, 대응할 기준도 존재하지 않는다.

특히 소수만 알고 있는 기회처럼 보이는 정보는 사람을 쉽게 끌어당긴다. 남들이 아직 모르는 영역에 먼저 들어가면 큰 수익을 얻을 수 있을 것이라는 기대는 강력한 유혹이 된다. 그러나 많은 자금이 특정 자산에 집중되지 않는 데에는 대개 이유가 존재한다. 구조적 위험, 유동성 문제, 검증되지 않은 사업 모델, 지속 가능성의 불확실성 등 다양한 요소가 작용할 수 있다.

시장에서 자금은 단순한 유행이 아니라 신뢰와 검증의 흐름을 따라 움직이는 경향이 있다. 오랜 기간 축적된 데이터와 경험 속에서 검증된 자산에는 지속적으로 자금이 유입되고, 불확실성이 높은 영역에는 제한적으로만 접근이 이루어진다. 이러한 흐름은 보수적인 선택처럼 보일 수 있지만, 장기적인 안정성을 고려한 결과이기도 하다.

반면 단기간의 급등 사례는 강한 인상을 남긴다. 특정 종목이나 자산이 짧은 시간 안에 큰 상승을 보였다는 이야기는 빠르게 확산하며, 뒤늦게 진입한 사람들에게도 같은 기회가 남아 있을 것처럼 느껴지게 만든다. 그러나 이미 가격이 급격히 상승한 이후에는 변동성 역시 확대되는 경우가 많으며, 진입 시점에 따라 전혀 다른 결과가 나타날 수 있다.

투자에서 중요한 것은 남들보다 먼저 아는 것이 아니라, 스스로 이해할 수 있는 범위 안에서 판단하는 것이다. 이해는 단순한 정보 습득이 아니라 구조와 위험 요소, 장기적 지속 가능성을 함께 고려하는 과정이다. 이러한 이해가 형성될 때 변동성이 발생하더라도 판단 기준을 유지할 수 있다.

또한 모든 기회를 잡을 필요는 없다. 시장에는 수많은 선택지가 존재하며, 그중 일부를 놓친다고 해서 경제적 가능성이 사라지는 것은 아니다. 이해할 수 있는 영역에 집중하는 태도는 기회를 줄이는 것이 아니라 판단의 정확성을 높이는 선택에 가깝다.

특히 단기간 수익 사례에 집중할수록 투자 기준은 흔들릴 수 있다. 상승 사례는 눈에 띄지만, 동일한 구조 속에서 발생한 손실 사례는 상대적으로 덜 주목받는다. 결과만을 기준으로 판단하면 위험 요소를 충분히 고려하지 못할 가능성이 높다.

투자는 기회를 찾는 행위이기도 하지만, 동시에 위험을 관리하는 과정이기도 하다. 이해하지 못한 영역에 진입하는 순간 위험 관리 능력은 급격히 낮아질 수 있다. 반면 이해를 기반으로 한 선택은 변동성 속에서도 판단 기준을 유지하게 만든다.

기회처럼 보이는 영역일수록 위험 구조를 먼저 이해할 필요가 있다. 모르는 것에 투자하는 순간 선택이 아니라 추측이 되고, 추측이 반복되는 순간 결과는 운에 맡겨지게 된다.

이해할 수 있는 선택을 할 때,
투자는 비로소 전략이 된다.

레버리지로
수익을 키우려 하지 말자

시장이 상승할 때 사람들은 더 빠르게 수익을 얻고 싶어진다.

가격이 오르는 흐름 속에서는 기회를 놓치고 싶지 않다는 감정이 강해지고, 같은 움직임 속에서 더 큰 결과를 만들고 싶다는 욕구가 자연스럽게 생긴다. 이때 많은 사람들이 선택하는 방법이 레버리지를 활용하는 방식이다.

레버리지는 적은 자본으로 더 큰 규모의 포지션을 운용할 수 있게 한다. 상승장에서는 수익률이 극대화되어 매우 효율적인 전략처럼 보일 수 있으나, 변동성이 큰 시장에서 레버리지는 수익뿐 아니라 손실과 심리적 압박 또한 가중시킨다는 점을 간과해서는 안된다.

181

가격이 상승하는 구간에서는 레버리지의 위험이 잘 보이지 않는다. 작은 조정은 일시적인 흔들림처럼 느껴지고, 다시 상승 흐름이 이어질 것이라는 기대가 유지된다. 하지만 시장은 직선으로 움직이지 않는다. 상승 추세 속에서도 크고 작은 조정이 반복되며, 이 과정에서 레버리지 포지션은 심리적 부담을 빠르게 증가시킨다.

손실이 확대되는 구간에서는 판단이 흔들리기 시작한다. 계획했던 투자 기준보다 감정이 앞서게 되고, 손실을 줄이기 위한 선택과 회복을 기대하는 사이에서 갈등이 발생한다. 변동성이 커질수록 심리적 압박은 증가하고, 장기적인 투자 기준을 유지하기 어렵게 만든다.

많은 사람들은 하락 구간에서 추가 매수를 통해 평균 단가를 낮추는 전략을 생각한다. 이론적으로는 합리적인 접근처럼 보일 수 있다. 그러나 실제 상황에서는 가격이 하락할 때 투자 여력이 줄어드는 경우가 많다. 손실이 발생한 상태에서는 추가 자금을 투입하기 어렵고, 심리적 부담 역시 의사결정을 위축시키는 요인이 된다.

반대로 시장이 회복되고 상승이 이어지는 시점에는 심리적 안정감이 회복되며 추가 자금을 투입하기 쉬워진다. 결과적으로 하락 구간에서는 소극적으로 대응하고, 상승 구간에서는 적극적으로 자금을 투입하는 흐름이 형성되기 쉽다. 이러한 패턴이 반복되면 평균 매입 단가는 기대와 다른 방향으로 형성될 수 있다.

레버리지를 사용하는 환경에서는 이러한 흐름이 더욱 확대된다. 변동성이 발생할 때 자금 여력과 심리적 안정이 동시에 흔들리면서 계획했던 전략을 유지하기 어려워질 수 있다. 이 과정에서 매수와 매도의 타이밍이 감정에 영향을 받을 가능성이 높아진다.

시장에서는 장기적으로 우상향하는 흐름이 나타날 수 있지만, 그 과정은 반복적인 변동 속에서 이루어진다. 이러한 변동성을 견디는 과정에서 투자 기준을 유지하는 것이 중요하며, 과도한 레버리지는 변동성 구간에서 기준을 흔들리게 만드는 요인이 될 수 있다.

투자에서 중요한 것은 최대 수익을 만드는 것이 아니라, 장기적으로 지속 가능한 구조를 유지하는 것이다. 변동성 속에서도 계획을 유지할 수 있는 구조는 장기적인 결과에 영향을 미치며, 심리적 안정은 그 구조를 유지하는 데 중요한 역할을 한다.

레버리지는 상승 구간에서는 효율적으로 보일 수 있다. 그러나 변동성 구간에서는 손실과 심리적 압박을 동시에 확대할 수 있다.

> **가격이 흔들릴 때**
>
> **기준을 지킬 수 없다면,**
>
> **전략은 유지되기 어렵다."**

투자는 속도의 경쟁이 아니라 지속 가능성의 문제에 가깝다. 지속할 수 있는 구조 위에서 결과는 만들어진다.

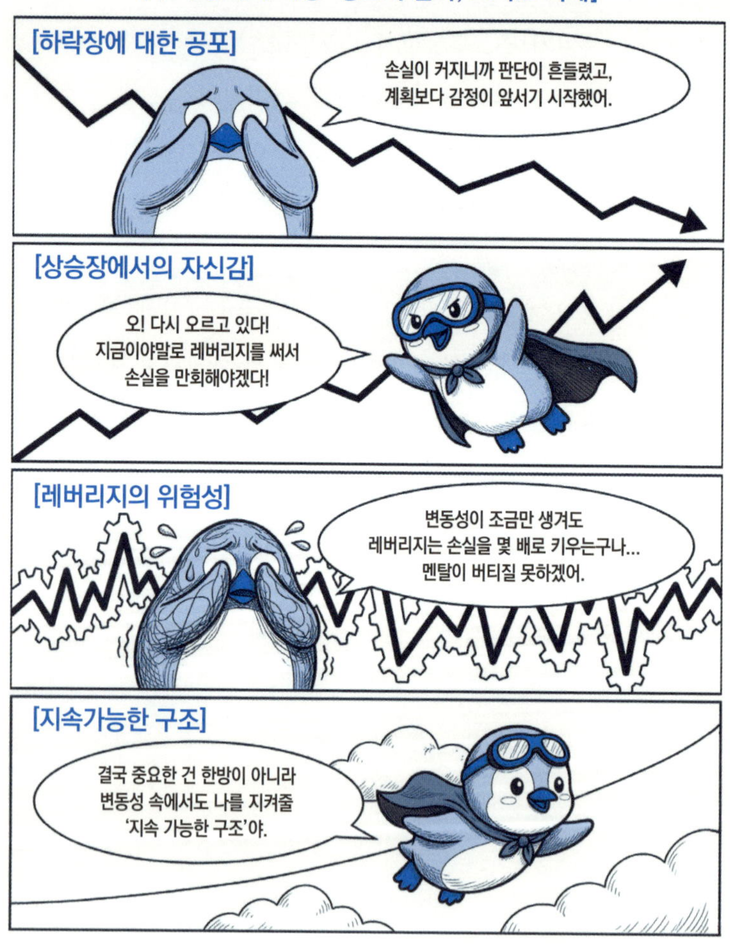

인맥을 자랑하지 말자

**사람들은 종종 자신이 누구를 아는지를 통해
자신의 위치를 설명하려 한다.**

유명한 사람과의 만남 영향력 있는 인물과의 친분, 특정 조직이나 네트워크와의 연결을 이야기하며 자신의 신뢰도와 영향력을 간접적으로 드러내려 한다. 그러나 관계를 과시하는 순간, 그 관계의 본질은 오히려 가벼워 보일 수 있다.

누군가를 안다는 사실이 곧 영향력을 의미하지는 않는다. 행사장에서 인사를 나눈 적이 있는 것과, 실제로 협력 관계를 유지하는 것은 전혀 다른 차원의 관계다. 이름을 나열하는 방식으로 관계를 설명할수록 듣는 사람은 그 관계의 깊이보다 과시의 의도를 먼저 인식하게 된다.

또한 관계의 폭은 겉으로 보이는 범위보다 훨씬 넓을 수 있다. 조용히 자신의 분야에서 활동하는 사람 중에는 예상보다 넓은 네트워크를 형성하고 있는 경우도 많다. 겉으로 드러나지 않는 연결은 필요할 때 작동하며, 과시하지 않아도 관계의 힘은 충분히 발휘될 수 있다.

반대로 모든 사람이 자신을 알고 있다고 말하는 태도는 듣는 사람에게 과장된 인상을 줄 수 있다. 정보와 영향력이 빠르게 교차하는 환경에서 개인의 인지 범위는 제한적일 수밖에 없다. 과도한 표현은 오히려 신뢰를 약화하고, 관계의 실질적 가치보다 과시의 의도를 부각하게 시킬 수 있다.

관계를 자랑의 대상처럼 사용하는 태도는 관계의 본질과도 어긋난다. 신뢰를 기반으로 형성된 연결은 필요 때문에 작동하며, 상호 존중 속에서 유지된다. 관계 자신의 위치를 설명하기 위한 수단으로 사용할 때, 그 연결은 도구처럼 보일 위험이 있다.

또한 관계를 과시하는 태도는 대화를 좁히는 결과를 만들기도 한다. 상대방은 관계의 이름보다 실제 역량과 경험에 관심을 두는 경우가 많다. 이름을 통해 영향력을 설명하려는 태도는 스스로의 전문성과 경험을 설명할 기회를 줄이는 결과로 이어질 수 있다.

관계를 강조할수록 자신의 역량이 중심에서 밀려날 수 있다. 반대로 자신의 전문성과 경험을 중심으로 관계가 형성될 때, 연결은 자연스럽게 확장된다. 이 과정에서 관계는 결과의 부산물로 형성되며, 과시의 대상이 되지 않는다.

> 누구를 아느냐보다 중요한 것은
> 어떤 신뢰를 쌓아왔는가이다.”

이름을 나열하는 것은 영향력이 아니고,
관계를 과시하는 것은 신뢰가 이니다.
진짜 연결은 필요할 때 작동하고,
진짜 영향력은 조용히 드러난다.
과시된 관계는 가벼워 보일 수 있지만,
신뢰로 이어진 관계는 오래 남는다.

말은 넉넉한데
마음은 닫힌 사람이 되지 말자

사람들 사이에는 분위기를 크게 만드는 사람이 있다.

함께 무언가를 하자고 먼저 제안하고, 다음에는 더 좋은 자리를 만들자고 말하며, 언젠가 모두가 함께할 수 있는 시간을 만들겠다는 이야기로 기대감을 키운다. 그 순간만 보면 주변을 잘 챙기는 넉넉한 사람처럼 느껴진다.

하지만 시간이 지나면 그 이야기들은 자연스럽게 흐려진다. 상황이 맞지 않았고, 여건이 바빠졌고, 타이밍이 어긋났다는 말과 함께 계획은 조용히 사라진다. 누구도 따로 묻지 않지만, 사람들은 그 말들이 실제 약속이 아니라 분위기를 만드는 표현이었음을 알게 된다.

그리고 작은 선택의 순간에서 더 분명한 차이가 드러난다. 모두가 마음을 나누는 자리에서, 누군가는 조용히 책임을 나누고, 누군가는 자연스럽게 한발 물러선다. 부담이 따르지 않는 순간에는 누구보다 적극적이지만, 나눔이 필요한 순간에는 선택이 유난히 조심스러워진다. 그 모습은 인색함이라기보다 관계에 대한 온도의 차이처럼 느껴진다.

이런 태도는 악의에서 비롯되지 않는 경우가 많다. 좋은 사람으로 보이고 싶고, 넉넉한 사람처럼 보이고 싶고, 관계 속에서 따뜻한 인상을 남기고 싶은 마음은 누구에게나 있다. 그러나 말로 만든 넉넉함은 행동으로 이어지지 않으면 오래 유지되지 않는다.

관계는 거창한 제안보다 반복되는 경험 속에서 형성된다. 함께 시간을 보내는 방식, 책임을 나누는 태도, 필요할 때 자연스럽게 손을 내미는 선택은 크게 드러나지 않지만 오래 기억된다. 반대로 실행되지 않는 큰 말과 주저하는 나눔은 기대를 줄이고, 기대가 줄어든 자리에는 조용한 거리감이 남는다.

사람들은 결국 함께할 수 있는 사람을 기억한다. 많은 것을 약속한 사람이 아니라, 작은 순간을 함께 나눈 사람, 부담을 나누는 선택을 한 사람, 말보다 행동으로 관계를 유지한 사람이 곁에 남는다.

넉넉함은 규모에서 드러나지 않는다.
관계를 대하는 태도 속에서 드러난다.
말은 풍성한데 나눔이 인색하면
사람들은 그 온도를 느끼게 된다.

>> 큰 약속은 쉽게 잊히지만,

작은 배려는 오래 남는다.

사람을 곁에 남게 하는 것은

얼마나 크게 말했는지가 아니라

얼마나 함께 나누었는가이다.”

PART 5

부자가 되려면 탈출자가 되어라

부자가 되는 방법은 생각보다 신비롭지 않다.
특별한 재능이나 운이 필요한 영역처럼 보이지만,
현실에서 부를 만든 사람들의 경로를 살펴보면
반복되는 패턴이 존재한다.
다른 점은 출발선이 아니라
선택의 방식과 실행의 구조에 있다.

많은 사람들은 부자가 되는 방법을 찾으면서도 정작 부자가 된 사람들의 경로는 깊이 들여다보지 않는다. 대신 단기간에 큰돈을 벌 수 있는 방법, 남들이 아직 모르는 비밀 전략, 한 번의 기회로 인생이 바뀌는 이야기들을 좇는다. 그러나 실제로 부를 축적한 사람들의 흐름은 대체로 단순하고 반복할 수 있다.

> **가난의 탈출자가 된다는 것은**
> **특별한 길을 찾는 것이 아니라,**
> **이미 검증된 길을 이해하고**
> **자신의 환경에 맞게 선택하는 과정이다.**

누군가는 부동산을 통해 자산을 만들었고, 누군가는 주식 시장에서 장기적인 상승 흐름을 활용했으며, 누군가는 사업을 통해 현금 흐름을 확장했다. 경로는 다양하지만, 공통점은 존재한다. 그들은 우연에 기대지 않았고, 구조를 이해한 뒤 반복 가능한 방식으로 접근했다.

> **중요한 것은 시작의 크기가 아니다.**
> **자본이 많다고 해서 성공 확률이**
> **자동으로 높아지는 것은 아니다.**

오히려 작은 자본으로 여러 번 시도하며 경험과 판단 기준을 축적하는 과정이 성공 가능성을 높인다. 모든 선택을 하나의 승부로 바라보는 사람은 한 번의 결과에 흔들리기 쉽지만, 여러 번의 기회를 설계하는 사람은 시행착오 속에서 전략을 다듬어 간다.

부동산을 통해 자산을 만든 사람들을 보면 공통된 원칙이 존재한다. 그들은 시장을 예측하려 하기보다 흐름을 이해했고, 실거주 가치와 수요 구조를 중심으로 접근했다. 특정 지역이 왜 상승하는지, 어떤 요소가 가격을 지지하는지, 장기적으로 수요가 유지될 수 있는지를 분석했다. 그리고 시간을 아군으로 만들었다.

주식 시장에서도 비슷한 구조가 반복된다. 미래의 가능성만을 좇기보다 현재 시장의 흐름 속에서 힘을 가진 기업을 선택하고, 과열과 냉각의 주기를 이해하며 대응한다. 상승의 흐름 속에서 일정한 수익을 확보하고, 무리한 욕심으로 변동성에 묶이지 않는 선택이 장기적인 결과를 만든다.

가상자산 시장 역시 다르시 않다. 과도한 기대와 공포가 반복되는 환경 속에서 장기적인 생존 가능성을 기준으로 접근하고, 시장의 감정이 극단으로 치우칠 때 균형을 유지하는 태도가 중요하다. 군중의 감정이 극단으로 흐를 때 기회가 만들어진다는 사실을 이해하는 사람만이 변동성을 활용할 수 있다.

자산을 모으는 과정 또한 목적이 분명해야 한다. 단순히 모으기 위한 저축은 방향을 만들지 못하지만, 일정 기간 후 사용할 계획이 있는 자금은 선택의 기회를 만든다. 종잣돈은 그 자체로 목적이 아니라 다음 단계로 이동하기 위한 도구다.

소비 역시 선택의 문제다. 자신의 자산 구조와 삶의 균형을 고려한 선택은 삶의 만족도를 높이고 지속 가능성을 만든다. 무리한 소비는 부담이 되지만, 감당할 수 있는 범위의 선택은 가족의 행복과 삶의 동력을 만들 수 있다.

부자가 되는 길은 하나가 아니다. 그러나 공통된 구조는 존재한다. 성공한 사람들의 경로를 이해하고, 자신의 환경에 맞는 방법을 선택하며, 반복할 수 있는 전략으로 접근하는 태도는 누구에게나 적용될 수 있다. 탈출자가 된다는 것은 특별한 사람이 되는 것이 아니다. 다른 선택을 시작하는 사람이라는 뜻이다.

부는 우연히 만들어지지 않는다.
이해된 구조와 반복된 선택 속에서 만들어진다.
그리고 그 출발점은 지금까지와 다른 방식으로 생각하고
행동하기로 결정하는 순간이다.

이제 중요한 질문은 단 하나다. 당신은 어떤 경로로 탈출할 것인가.

부자 복사하기:
"성공한 사람의 루트"부터 베껴라

⌄

부자가 되는 방법을 묻는 사람 대부분이 착각하는 게 하나 있다.

"나만의 비법"을 찾아야 부자가 된다고 믿는 거다. 그런데 현실은 반대다. 평범한 사람이 부자가 되는 길은 거의 다 이미 누군가가 먼저 걸어간 길이다. 당신이 해야 할 일은 창작이 아니라 복사다. 단, 아무나 복사하면 망한다. 부자가 된 사람의 루트를 골라서, 그대로 따라 하되 내 상황에 맞게 '규격'만 바꾸는 것. 이게 실전이다.

이 챕터는 동기 부여가 아니라 바로 실행할 수 있는 루트 설계법을 준다. 오늘부터 당신은 "부자가 되는 사람"이 아니라 부자가 되는 루트를 가진 사람이 돼야 한다.

1) 먼저 "부자 30명"을 모아라 (유튜브 말고 루트만)

첫 단계는 의외로 간단하다. 부자가 된 사람 30명을 모아라. 친구, 지인, 기사, 인터뷰, 책, 사례… 어디서든 좋다. 중요한 건 감동 스토리가 아니라 숫자와 경로다.

사람마다 아래 5가지만 뽑는다.

check BOX

① 출발점: 월급쟁이였나, 자영업이었나, 무자본이었나

② 첫 점프: 첫 종잣돈이 얼마였나, 무엇으로 불렸나!

③ 가속 구간: 자산이 커진 구간이 언제였나 (3~5년 단위로)

④ 승부수: 큰 결정을 한 순간이 무엇이었나 (매수, 전환, 확장)

⑤ 반복 공식: 그 사람이 반복한 행동은 무엇이었나 (저축, 매수, 확장 등)

이걸 하면 갑자기 눈이 열린다. 부자들은 "천재처럼" 돈 번 게 아니라, 특정 패턴을 반복했다.

2) 루트를 3개로 분류해라 (부동산/주식/현금흐름)

30명을 모으면 루트가 결국 3개로 정리된다.

① 부동산 루트 : 실거주 기반 + 입지/수요 + 시간 + 레버리지 설계

② 주식 루트 : 강한 흐름(시장 관심) + 규칙 있는 수익 실현 + 현금 관리

③ 현금흐름 루트 : 사업/부업/전문성으로 "버는 힘"을 키워 자산으로
옮김

여기서 중요한 건 "셋 다 해!"가 아니다. 실전은 반대로 가야 한다.
하나를 주력으로 잡고 나머지는 보조로 돌려야 돈도 멘탈도 살아남
는다.

3) 내 루트는 "잘하는 것"이 아니라 "반복할 수 있는 것"으로 고른다.

많은 사람들이 "내가 잘할 수 있는 것"을 찾다가 늦어진다. 실전은 그게 아니다. 내가 '매주/매달' 반복할 수 있는 것이 루트다.

check BOX

① 시간이 없으면? → 정보 수집이 짧고 규칙이 단순한 쪽

② 멘탈이 약하면? → 변동성 높은 쪽 비중을 낮추는 쪽

③ 종잣돈이 작으면? → 작은 단위로 여러 번 시도 가능한 쪽

④ 가족 변수가 크면? → 안정성 높은 구조(주거/현금흐름) 우선

부자 되는 건 "능력 테스트"가 아니라 루틴 게임이다. 루틴을 못 돌리면 아무 전략도 소용없다.

4) 자본금 크게 올리지 말라. "시도 횟수"를 올려라.

여기서 실전 핵심이 나온다. 돈을 크게 걸면 성공 확률이 올라갈 것 같은가? 아니다. 큰돈을 걸수록 한 번 흔들리면 끝이다. 반대로 부자들은 이렇게 한다.

check BOX

① 한 번에 크게 승부 ✕
② 작게 들어가서, 판단 기준을 만들고, 반복해서 키움
③ 게임을 도박이라고 치면, 이길 확률을 높이는 건 "한 방"이 아니라 반복이다.
④ 시도 횟수가 많을수록 내 기준이 날카로워지고, 실수했을 때도 회복이 가능하다.

즉, 종잣돈이 작을수록 더 유리한 기술이 하나 있다. 바로 작은 실전으로 기준을 만드는 능력이다.

5) 오늘 당장 하는 7일 실전 과제

지금부터는 말이 아니라 행동이다. 7일만 해라.

check BOX

① Day 1 : 부자 사례 10명 수집(이름 말고 루트만 정리)

② Day 2 : 10명을 3루트(부동산/주식/현금흐름)로 분류

③ Day 3 : 내 상황 점검(시간/종잣돈/멘탈/가족 변수/월 현금흐름)

④ Day 4 : 주력 루트 1개 선택(나머지는 보조로만)

⑤ Day 5 : 주력 루트의 "반복 행동" 3개 확정(예: 매주 2시간, 매달 30만, 매달 1회 점검)

⑥ Day 6 : 실패해도 괜찮은 작은 단위로 첫 실행(작게 시작)

⑦ Day 7 : 기록(무엇이 쉬웠고, 무엇이 막혔는지) → 다음 달 계획으로 수정

이걸 하면 당신은 갑자기 바뀐다. 정보를 "아는 사람"이 아니라 굴리는 사람이 된다.

부자가 되지 못하는 사람들의 공통 구조: 돈이 남지 않는다.

부자가 되기 위해 투자 방법을 찾는 사람은 많다.

하지만 그보다 먼저 확인해야 할 것이 있다.

돈이 남는 구조인가, 아니면 돈이 새는 구조인가. 월급이 적어서 부자가 되지 못한다고 생각하기 쉽지만, 실제로는 소득 수준과 자산 형성 속도는 반드시 일치하지 않는다. 같은 수입을 얻어도 누구는 자산이 쌓이고, 누구는 늘 제자리다. 차이는 버는 능력이 아니라 돈이 머무르는 구조에 있다.

많은 사람들의 돈 흐름은 다음과 같은 순서로 움직인다.

월급 → 소비 → 남으면 저축 → 남으면 투자

이 구조에서는 자산이 만들어지기 어렵다. 왜냐하면 소비는 항상 계획보다 커지고, 남는 돈은 생각보다 적기 때문이다.

반대로 부자가 되는 사람들의 흐름은 다르다.

월급 → 자산 이동 → 소비

이 차이는 단순해 보이지만 결과는 극단적으로 갈린다.

① 돈이 남지 않는 구조는 자동으로 가난을 만든다.

돈이 남지 않는 이유는 의지가 부족해서가 아니다. 구조가 그렇게 설계되어 있기 때문이다.

- ☑ 카드 사용은 미래 소득을 당겨서 쓰게 만들고
- ☑ 할부는 현재 소비를 합리적으로 보이게 만들며
- ☑ 작은 구독 서비스는 인식하지 못한 지출을 늘리고
- ☑ "이 정도는 괜찮겠지"가 반복되며 구조가 굳어진다.

문제는 큰 소비가 아니라 반복되는 작은 흐름이다.

② 부자들은 소비를 줄이지 않는다. 순서를 바꾼다.

많은 사람들이 부자가 되려면 극단적으로 절약해야 한다고 생각한다. 그러나 실제로 자산을 만든 사람들은 소비를 극단적으로 줄이기보다 순서를 바꾼다.

- ☑ 먼저 자산으로 이동시키고
- ☑ 남은 돈 안에서 소비한다.

이 방식의 장점은 분명하다.

- ☑ 소비 죄책감이 사라진다.
- ☑ 자산은 자동으로 늘어난다.
- ☑ 생활 만족도는 유지된다.

핵심은 절약이 아니라 우선순위다.

③ 자동이체 하나로 인생 흐름이 바뀐다.

의지에 의존하면 오래가지 못한다. 그래서 구조를 자동화해야 한다. 실전 방법 3가지.

- ☑ 월급일 다음 날 자동이체
- ☑ 투자·저축 계좌로 선 이동
- ☑ 생활비 계좌는 따로 유지

이 구조가 만들어지면, 남은 돈 안에서 생활하게 되고 자산은 자동으로 쌓이기 시작한다. 부자들은 의지가 강해서 성공한 것이 아니라 의지가 필요 없는 구조를 만들었기 때문에 성공한다.

④ 종잣돈이 없는 사람의 착각

많은 사람들이 말한다. "돈이 모이면 시작할게요." 하지만 현실은 반대다. 시작해야 돈이 모인다. 자산 계좌로 이동하는 경험이 반복될수록 소비 기준이 바뀌고 돈을 바라보는 감각이 달라진다. 종잣돈은 모아서 생기는 것이 아니라 이동시키는 습관 속에서 만들어진다.

⑤ 돈의 흐름을 바꾸는 3단계 공식

오늘 바로 적용 가능한 공식이다.

1) 선 이동

월급 → 자산 계좌 이동

2) 제한 소비

남은 돈 안에서 생활

3) 반복

이 과정을 자동화

이 단순한 구조가 시간이 지나면 자산 격차를 만든다. 부자가 되는 것은 소득의 문제가 아니라 돈의 흐름을 설계하는 문제다. 돈이 남지 않는 구조 속에서는 얼마를 벌어도 자산은 쌓이지 않는다. 그러나 흐름을 바꾸는 순간 같은 소득으로도 결과는 완전히 달라진다.

부자는 돈을 많이 벌어서 부자가 되는 것이 아니라, 돈이 머무르는 구조를 만들었기 때문에 부자가 된다. 이제 질문은 단순하다. 당신의 돈은 스쳐 지나가고 있는가, 아니면 머무르고 있는가.

돈이 당신 대신 일하게 만들어라

대부분의 사람은 평생 돈을 벌기 위해 시간을 사용한다.

시간을 들여 일하고, 그 대가로 소득을 얻고, 다음 달을 위해 다시 시간을 투입한다. 이 구조는 안정적일 수 있지만 한 가지 분명한 한계를 가진다. 시간은 늘릴 수 없다는 점이다.

아무리 성실하게 일해도 하루는 24시간이고, 일할 수 있는 에너지 역시 한계가 있다. 노동을 기반으로 한 소득 구조에서는 노력의 크기와 소득 증가 속도가 비례하기 어렵다. 그래서 어느 시점이 지나면 더 열심히 일하는 것만으로는 삶의 방향이 크게 달라지지 않는다.

부자가 되는 사람들은 이 지점에서 방향을 바꾼다. 자신이 돈을 벌기 위해 움직이는 구조에서, 돈이 스스로 움직이도록 만드는 구조로 이동한다.

1) 노동 소득은 생존을 위한 구조다.

월급, 사업 수익, 프리랜서 소득 등 대부분의 수입은 노동을 기반으로 발생한다. 일을 멈추면 소득도 멈춘다. 이 구조는 생존을 유지하는 데 필수적이지만, 자산을 빠르게 확대하는 데는 한계가 있다. 노동 소득만으로 자산을 키우려 하면 다음과 같은 문제가 발생한다.

- ☑ 시간 증가 없이 소득 증가가 어렵고
- ☑ 소득이 늘수록 지출도 함께 증가하며
- ☑ 휴식이나 건강 문제 발생 시 수입이 줄어든다.

그래서 부자들은 노동 소득을 포기하지 않는다. 대신 그것을, 자산을 만드는 연료로 사용한다.

2) 자산소득은 시간을 확장하게 시킨다.

자산소득은 내가 직접 움직이지 않아도 가치가 변하거나 현금 흐름을 만들어낸다. 대표적인 형태는 다음과 같다.

- ☑ 부동산 가치 상승 및 임대 수익
- ☑ 주식의 성장과 배당

☑ 사업 시스템을 통한 지속 수익

☑ 지적 자산(콘텐츠, 저작권 등)

이들의 공통점은 분명하다. 시간이 흐를수록 가치가 축적된다는 점이다. 노동 소득이 현재를 유지하도록 돕는다면, 자산 소득은 미래를 확장하는 데 기여한다.

3) 자산은 '구매'가 아니라 '설계'다

많은 사람들이 자산을 단순히 구매 대상으로 생각한다. 하지만 자산은 물건이 아니라 구조다. 예를 들어,

☑ 수요가 지속되는 지역의 주거 자산

☑ 꾸준히 이익을 창출하는 기업의 지분

☑ 반복적으로 판매할 수 있는 시스템 상품

이러한 선택은 시간이 흐르며 가치를 축적한다.

반대로,

☑ 유지 비용만 증가하는 소비재

☑ 가치 상승 근거가 없는 자산

☑ 유행에 의존한 투자 대상

은 시간이 지나도 구조적 이익을 만들기 어렵다. 자산을 고른다는 것은 가격이 아니라 미래의 흐름을 설계하는 일이다.

4) 속도가 아니라 방향이 중요하다.

자산을 만드는 과정은 단기간에, 눈에 띄지 않을 수 있다. 처음에는 변화가 미미하고, 눈앞의 수익이 크게 느껴지지 않을 수도 있다. 그러나 시간이 누적될수록 차이는 점점 확대된다. 초기에는 미세한 차이처럼 보이지만, 시간이 흐르면 격차는 기하급수적으로 벌어진다. 부자가 되는 사람들은 속도를 쫓지 않는다. 대신 방향을 정확히 설정하고 시간을 자신의 편으로 만든다.

5) 돈이 일하기 시작하는 순간

자산이 일정 수준을 넘어서면 변화가 시작된다. 가격 상승, 배당, 임대 수익, 사업 수익 구조 등 다양한 형태로 자산이 스스로 움직이기 시작한다. 이때부터 돈은 단순한 저장 수단이 아니라 증식하는 도구로 변한다. 이 변화를 경험한 사람들은 더 이상 노동 소득에만 의존하지 않는다. 시간을 투입하지 않아도 가치가 축적되는 경험이 반복되기 때문이다.

☑ 노농은 생존을 유지하게 만들고

☑ 자산은 시간을 확장하게 시킨다

노동으로만 미래를 설계하면 시간의 한계에 묶이게 되지만, 자산을 통해 구조를 만들면 시간이 당신의 편이 된다. 부자가 되는 길은 더 많이 일하는 데 있지 않다. 돈이 당신 대신 움직이도록 설계하는 데 있다. 그리고 그 설계는 지금 시작하는 작은 선택에서 시작된다.

부동산으로 부자가 되는 공식: 무엇을 사야 하는가?

부동산으로 부자가 되고 싶다고 말하는 사람은 많다.

하지만 정작 무엇을 사야 하는지에 대한 기준은 모호한 경우가 많다. 오피스텔, 상가, 지식산업센터, 토지, 빌딩 등 선택지는 다양해 보이지만 실제로 자산 상승을 만들어낸 흐름을 살펴보면 방향은 훨씬 단순하다.

부동산 시장에서 부를 만든 사람들의 핵심 자산은 대부분 주거용 아파트였다. 이는 우연이 아니라 수요 구조에서 비롯된 결과다.

1) 부동산 가격은 수요가 만든다.

부동산 가격을 움직이는 핵심 요소는 희소성이 아니라 지속적인 수요다.

- ☑ 사람은 반드시 거주 공간이 필요하고
- ☑ 직장과 교육 환경에 따라 이동하며
- ☑ 주거의 질은 삶의 만족도와 직결된다

주거 수요는 경기와 무관하게 지속되며, 도시화와 인구 이동 구조 속에서 특정 지역의 수요는 장기적으로 유지된다. 이러한 특성 때문에 주거용 부동산, 특히 아파트는 안정적인 수요 기반을 가진다.

2) 오피스텔이 어려운 이유

오피스텔은 주거와 업무 기능을 동시에 가진 구조로 보이지만, 실제 시장에서는 애매한 위치에 놓이는 경우가 많다.

- ☑ 공급이 많아 희소성이 약하고
- ☑ 관리비 부담이 높으며
- ☑ 실거주 선호도가 아파트보다 낮고
- ☑ 가격 상승 폭이 제한되는 경우가 많다

임대 수익을 기대하고 접근하는 경우가 많지만 공실 위험과 유지 비용을 고려하면 기대 수익률이 낮아질 수 있다. 장기적인 자산 상승보다는 단기 임대 수익 중심 구조에 가까운 자산이다.

3) 상가와 사무실이 어려워진 시대

과거에는 상가나 사무실이 안정적인 수익 자산으로 여겨졌다. 그러나 소비 방식과 업무 환경이 빠르게 변화하면서 구조적 변화가 발생하고 있다.

- ☑ 온라인 쇼핑 확산으로 오프라인 매출 감소
- ☑ 배달·플랫폼 중심 소비 증가
- ☑ 재택·하이브리드 근무 확산
- ☑ 대형 상권 집중 현상

이러한 변화 속에서 입지 경쟁력이 압도적으로 강한 일부 상권을 제외하면 공실 리스크와 임대료 하락 압력이 커지고 있다. 단순히 "상가니까 안정적이다"라는 공식은 더 이상 유효하지 않다.

4) 건물주 환상이 위험한 이유

많은 사람들이 "건물주가 되는 것"을 부의 상징처럼 생각한다. 그러나 실제 건물 운영은 유지관리 비용, 공실 위험, 임차인 관리, 경기 변동에 따른 임대료 조정 등 다양한 변수에 영향을 받는다.

특히 초기 자본이 부족한 상태에서 무리하게 상업용 부동산에 접근할 경우, 현금 흐름 리스크가 크게 작용할 수 있다. 부동산에서 중요한 것은 타이틀이 아니라 구조적 안정성과 수요의 지속성이다.

5) 왜 아파트가 정답에 가까운가?

아파트는 단순한 주거 형태를 넘어 도시 생활의 표준 인프라로 자리 잡았다.

- ☑ 교통, 교육, 생활 인프라와 밀접하게 연결되고
- ☑ 실거주 수요가 안정적으로 유지되며
- ☑ 거래 시장이 활발해 유동성이 높고
- ☑ 대출 구조가 안정적으로 설계되어 있으며
- ☑ 장기적으로 자산 가치 상승 구조를 갖춘다.

또한 인구가 밀집된 도시 환경에서는 공동 주거 형태가 효율적일 수밖에 없다. 도시 구조가 유지되는 한 아파트 수요는 지속될 가능성이 높다.

6) 부동산으로 부자가 된 사람들의 공통점

그들은 특별한 물건을 찾지 않았다.

- ☑ 사람들이 계속 찾는 곳을 선택했고
- ☑ 생활 인프라가 확장되는 지역을 주목했으며
- ☑ 시간을 투자 자산으로 활용했고
- ☑ 단기 변동보다 장기 흐름을 신뢰했다.

부동산은 예측의 영역이 아니라 수요 구조를 이해하는 영역이다. 부동산 시장에는 다양한 상품이 존재하지만, 모든 상품이 같은 방향으로 움직이지는 않는다.

시대가 변하면서 소비와 업무 환경은 빠르게 온라인 중심으로 이동하고 있다. 이러한 변화 속에서 오프라인 상업 공간의 역할은 축소되고, 주거 공간의 중요성은 더욱 강조되고 있다. 부동산으로 부를 만들고 싶다면 무엇이 오래 필요할 것인지 생각해야 한다.

    " 사람은 계속 이동하고,

도시는 계속 확장되며,

주거는 계속 필요하다.

그리고 그 구조를 이해하는 사람만이

부동산을 통해 자산을 축적한다."

상승장에서 돈 버는 사람은 따로 있다.

시장이 상승하기 시작하면 분위기가 달라진다.

뉴스는 긍정적으로 변하고, 주변에서 수익 이야기가 들리기 시작하며, 뒤늦게 관심을 두는 사람들이 빠르게 늘어난다. 상승장은 언제나 기대와 흥분을 동반한다.

하지만 같은 상승장을 경험하면서도 어떤 사람은 자산을 크게 늘리고, 어떤 사람은 거의 변화를 만들지 못한다. 심지어 상승장을 겪고도 손실을 경험하는 예도 있다. 차이는 정보가 아니라 행동 타이밍과 기준에서 발생한다.

1) 대부분 사람은 상승 초입을 믿지 않는다.

상승장은 조용하게 시작된다.

- ☑ 뉴스는 여전히 부정적이고
- ☑ 사람들은 반등을 일시적 현상으로 보며
- ☑ 시장 참여자는 제한적이다.

이 시기에는 관심이 적기 때문에 가격은 서서히 움직인다. 그러나 자산을 늘리는 사람들은 이 구간에서 움직인다. 상승이 확정된 뒤가 아니라, 흐름이 전환되는 초입에서 분할 진입한다. 대부분의 사람은 이 시기를 지나친다. 확신이 부족하기 때문이다.

2) 대중이 몰릴 때 가격은 이미 많이 올랐다.

상승이 눈에 띄기 시작하면 뉴스와 미디어가 움직인다. 주변에서 수익 경험이 공유되고, 뒤늦게 시장에 참여하는 사람들이 급격히 늘어난다. 이 시기에는 상승 속도가 빨라 보이기 때문에 진입 욕구가 강해진다. 그러나 이미 가격은 상당 부분 상승한 뒤인 경우가 많다. 대중의 관심이 최고조에 달할 때는 상승의 중후반 구간일 가능성이 높다.

3) 수익을 만드는 사람은 욕심보다 기준이 있다.

상승 흐름 속에서 가장 어려운 결정은 진입이 아니라 이익 실현 시점이다. 많은 사람들은 더 오를 것이라는 기대 때문에 매도를 미루고, 하락이 시작된 뒤에도 반등을 기대하며 기다린다. 결과적으로 수익 구간을 지나 손실 구간으로 이동하는 경우가 발생한다. 반대로 수익을 만드는 사람들은 일정한 기준을 정해 두고 행동한다.

- ☑ 목표 수익 구간 설정
- ☑ 분할 매도
- ☑ 상승 흐름 둔화 시 비중 축소

이들은 최고점을 맞히려 하지 않는다. 수익을 확보하는 것을 목표로 삼는다.

4) 상승장의 끝은 항상 환호 속에서 온다.

시장 과열 구간에서는 낙관론이 지배한다.

- ☑ "이번에는 다르다."
- ☑ "더 이상 떨어지지 않는다"
- ☑ "지금 들어와도 늦지 않았다"

이러한 분위기는 투자 심리를 극단적으로 끌어올린다. 그러나 역사적으로 시장의 과열 구간은 항상 낙관 속에서 형성되어 왔다. 가격이 가장 매력적으로 보일 때가 위험이 가장 커지는 시점일 수 있다.

5) 돈을 버는 사람은 감정이 아니라 흐름을 본다.

시장 참여자의 감정은 반복적인 패턴을 보인다.

공포 → 회복 → 기대 → 과열 → 낙관 → 하락 → 공포

이 흐름 속에서 감정에 반응하면 항상 늦어진다. 반대로 흐름을 이해하고 기준에 따라 움직이면 감정의 영향을 줄일 수 있다. 투자는 미래를 맞히는 게임이 아니라 반복되는 패턴 속에서 행동 기준을 지키는 게임이다.

상승장은 누구에게나 열린 기회처럼 보이지만, 실제로 결과를 만드는 사람은 많지 않다. 초입에서는 의심 때문에 움직이지 못하고, 중반에서는 두려움 때문에 망설이며, 과열 구간에서는 기대 때문에 떠나지 못한다.

수익은 가격이 아니라 행동 기준에서 만들어진다. 시장을 예측하려 하기보다 흐름 속에서 자신의 기준을 지키는 사람이 상승장을 통해 자산을 늘린다. 그리고 그 기준은 흥분이 아니라 냉정함 속에서 만들어진다.

주식으로 돈 버는 실전 공식:
"핫한 것만 먹고" 빠져라

주식으로 돈을 벌고 싶다는 사람은 많다.

그런데 이상하게도 결과는 비슷하게 갈린다. 누군가는 수익으로 끝내고, 누군가는 "물려서 장기 투자"로 자기 합리화를 시작한다.

차이는 종목이 아니라 운용 방식이다. 이번 챕터는 깔끔하게 말한다. 당신이 평범한 투자자라면, "미래를 예언하는 투자"보다 지금 시장에서 돈이 몰리는 곳을 짧게 먹는 방식이 훨씬 현실적이다.

핵심은 단순하다. 핫한 곳에만 들어간다.

1) "미래 유망주"에 꽂히면 대개 늦는다.

사람들이 가장 많이 하는 실수가 이거다. "10년 뒤에 세상이 바뀐다"라는 말에 감동해서, 지금 돈이 안 몰리는 종목을 잡는다. 문제는 주식 시장이 "정답 맞히기 시험"이 아니라는 거다. 좋은 기술이 있어도, 좋은 사업이 있어도, 돈이 안 들어오면 주가는 안 움직인다.

반대로 완벽하지 않아도 돈이 몰리면 주가는 움직인다. 당신이 해야 할 건 "미래 맞히기"가 아니다. 자금이 어디로 쏠리는지 확인하는 것이다.

2) 뜨는 종목의 조건은 3개로 끝난다.

"핫한 주식"은 감이 아니라 조건으로 걸러야 한다. 다음 3개 중 2개 이상이면 일단 후보가 된다.

- ☑ 거래대금이 터진다(돈이 몰린다).
- ☑ 뉴스/이슈가 반복된다(사람들이 떠든다).
- ☑ 차트가 올라간다(가격이 증명한다).

여기서 중요한 말 하나. '좋은 회사'가 아니라 '돈이 몰리는 회사'를 고르는 게임이다. 이를 인정하지 못하면 계속 '나만 아는 유망주'를 붙잡고 버티게 된다.

3) 진입은 '기술'이 아니라 '룰'로 한다.

주식은 감정으로 하면 100% 망한다. 그래서 진입을 룰로 고정한다. 실전 룰 예로,

- ☑ 첫 진입은 한 번에 다 넣지 말고 1/3
- ☑ 올라가서 눌림이 나오면 1/3 추가
- ☑ 상승 재개 확인되면 나머지 1/3

이 방식은 한 번에 박아 넣는 사람보다 속도가 느려 보일 수 있다. 그런데 목표는 속도가 아니라 생존과 수익의 반복이다.

4) 수익 실현은 "욕심"이 아니라 "공식"이다.

평범한 사람은 최고점을 맞힐 수 없다. 그러니 게임을 바꿔야 한다. 수익은 '확보하는 사람'이 가져간다.

실전 공식은 이거다.

수익이 났다? → 무조건 일부 매도 → 일정 수익 구간 도달? →

절반 정리 다시 올라가면? → 남은 물량으로 따라간다.

221

이렇게 하면 최고점은 놓친다. 대신 "수익이 수익으로 끝나는" 경험이 쌓인다.

반대로 욕심을 부리면 어떻게 되냐.

수익 → 더 오른다 → 기대 → 조정 → 버팀 →

반등 기대 → 하락 → 장기 투자 선언

이 패턴으로 간다.

5) "물리면 존버"가 아니라, "물리면 규칙"이다.

가장 현실적인 얘기 하자. 주식 하다 보면 물린다. 그건 정상이다. 문제는 물린 다음이다. 여기서 사람들은 자존심을 세우고, 복수하려고 하고, 기도하기 시작한다. 그 순간부터 투자가 아니라 감정싸움이 된다. 그래서 손절도 룰로 만든다.

> 이 라인 깨지면 정리
>
> 이 이슈가 끝나면 정리
>
> 거래대금 꺼지면 정리"

핵심은 "손해를 안 보는 것"이 아니라 큰 손해로 번지기 전에 자리를 바꾸는 것이다.

6) 이 방식의 최강 장점 : "안 물린다."

'핫한 주식만 먹고 빠지는' 방식의 진짜 장점은 수익률이 아니라 미련이 줄어든다는 것이다. 핫한 종목은 관심이 꺼지면 바로 힘이 빠진다. 그러니 관심이 살아 있을 때만 같이 타고, 관심이 죽으면 내리는 게 맞다. 이렇게 하면, "내가 믿는 종목이니까 버틴다." 같은 자기 최면이 줄어든다.

7) 14일 실전 체크리스트

이 챕터는 읽고 끝내면 아무 의미 없다. 실전은 체크리스트로 가야 한다.

- ☑ Day 1~3 : 거래대금 상위 종목 확인(매일 10개만)
- ☑ Day 4 : 후보 3개만 남기기(이슈 반복＋거래대금 유지)
- ☑ Day 5 : 분할 진입 룰 만들기(1/3씩)
- ☑ Day 6~10 : 수익 나면 일부 이익 실현 룰 실행
- ☑ Day 11~14 : 거래대금 꺼지면 정리 룰 실행
  - → 결과 기록(룰을 지켰는지, 감정이 개입했는지)

이걸 2주만 해도 달라진다.

종목을 잘 고르는 사람이 아니라

운용을 잘하는 사람이 된다.

변동성이 가장 큰 시장에서 살아남는 공식

가상자산 시장은 다른 투자 시장과 전혀 다른 속도로 움직인다.

하루에도 큰 폭의 상승과 하락이 반복되고, 짧은 시간 안에 시장 분위기가 극단적으로 바뀌기도 한다. 이러한 변동성 때문에 어떤 사람은 큰 수익을 경험하지만, 훨씬 더 많은 사람들은 손실을 경험한 채 시장을 떠난다.

차이는 정보가 아니라 접근 방식에 있다. 코인 시장은 장기 예측보다 심리 흐름과 타이밍이 더 크게 작용하는 환경이다.

1) 대부분의 사람은 상승이 끝난 뒤 들어온다.

가격이 빠르게 상승하기 시작하면 관심이 커지고, 뉴스와 SNS를 통해 수익 사례가 확산된다. 이 시기에는 시장에 대한 기대감이 높아지고 뒤늦게 참여하는 사람들이 급격히 늘어난다. 그러나 급격한 상승 이후 진입하는 경우 평균 매입 가격이 높아지기 쉽고, 변동성이 확대될 경우 심리적 부담이 커질 수 있다.

가격이 가장 매력적으로 보일 때가 위험이 가장 커지는 구간일 수 있다.

2) 공포 구간은 항상 과장되어 보인다.

가상자산 시장이 급락할 때는 시장 분위기가 극단적으로 변한다.

- ☑ 규제 뉴스 확대
- ☑ 시장 붕괴 전망
- ☑ 투자 종료 선언 확산
- ☑ 비관론 극대화

이 시기에는 시장이 끝난 것처럼 느껴질 수 있다. 그러나 시장의 감정은 극단으로 치우칠수록 되돌릴 가능성 역시 커진다. 대중의 공포가 극대화된 구간은 가격이 이미 크게 조정된 이후일 가능성이 높다.

3) 변동성이 큰 시장일수록 분할 접근이 필수다.

가격 움직임이 큰 시장에서는 한 번의 진입으로 방향을 맞히는 것이 어렵다. 따라서 분할 접근이 중요하다.

- ☑ 하락 구간에서 나누어 진입
- ☑ 급등 구간에서는 무리한 추격 매수 자제
- ☑ 반등 구간에서 비중 조절

이 방식은 방향을 맞히려 하기보다 변동성 속에서 위험을 분산시키는 접근이다.

4) 군중 심리는 항상 같은 패턴을 반복한다.

가상자산 시장의 흐름은 감정 곡선과 유사하다.

공포 → 회복 → 기대 → 과열 → 낙관 → 급락 → 공포

이 패턴은 자산 종류와 무관하게 반복된다. 그러나 변동성이 클수록 감정 변화 속도도 빠르게 나타난다. 군중 심리를 따라 움직이면 항상 늦어진다. 반대로 감정의 흐름을 이해하면 기준을 세우는 데 도움이 된다

5) 상승보다 생존이 더 중요하다.

가상자산 시장에서 가장 중요한 목표는 최고 수익률이 아니라 시장에 오래 남아 있는 것이다.

- ☑ 과도한 비중 집중 회피
- ☑ 감정적 추격 매수 자제
- ☑ 손실 확대 구간에서 리스크 축소
- ☑ 시장 변동성에 맞는 비중 유지

생존이 유지되어야 다음 기회를 맞이할 수 있다.

6) 코인 시장에서 반복되는 기회 구조

가상자산 시장은 상승과 하락의 사이클이 반복되는 특징을 보인다. 과열 구간 이후 조정이 나타나고, 조정 이후 새로운 상승 흐름이 형성되는 과정이 반복된다. 이러한 사이클 속에서 중요한 것은 특정 시점을 맞히는 것이 아니라, 감정이 극단으로 치우친 구간에서 균형을 유지하는 것이다. 기회는 흥분 속이 아니라 극단적 공포 속에서 만들어지는 경우가 많다.

가상자산 시장은 빠르고 극단적이며 예측하기 어려운 환경처럼 보인다. 그러나 그 안에서도 인간의 감정과 군중 심리는 반복되는 패턴을 만들어낸다.

끼아아악! 이게 왜 이래!
1분 만에 내 연봉이 두배로
불어나 버렸어!
시속 500km
콰아아아앙!
(급상승)
환영한다. 이곳이 바로
시공간이 뒤틀린
가상자산 시장이다.
방금 내 연봉이
시스템에서 삭제되었는데?
나 나갈래! 너무 무서워!
누군가는 한순간에 벼락부자가 되기도
하지만, 대부분의 사람들은
감당하지 못하고 시장을 떠나게 된다.
손절
정보가 부족한 걸까?
호재 뉴스를 다 읽었는데도
왜 손해를 볼까?
정보 문제가 아니라
'접근 방식'의 문제야. 여기는
분석보다 심리와 타이밍이
지배하는 정글이니까.
코인
백과사전
예측하려고 하지 마.
이 미친 변동성의 파도에 몸을 맡기고
제때 내리는 연습부터 해.
오...파도를
타라고요?
가상자산 생존 공식: 정보에 매몰되지 말고 시장의 흐름과 심리를 파악하라!

돈을 버는 가장 빠른 공식:
당신이 브랜드가 되어라

과거에는 좋은 상품을 만들면 성공할 수 있었다.

좋은 입지를 확보하면 장사가 되었고, 기술력이 뛰어나면 기업이 성장했다. 그러나 지금은 환경이 달라졌다. 정보가 넘쳐나고 선택지가 폭발적으로 늘어난 시대에서 사람들은 상품 자체보다 누가 만들었는지, 누가 말하는지, 누가 추천하는지를 먼저 본다.

온라인 시대에는 신뢰가 화폐처럼 작동하는 시대다. 그리고 신뢰는 브랜드에서 시작된다. 여기서 말하는 브랜드는 거창한 로고나 디자인이 아니라, 사람들이 특정 분야를 떠올릴 때 함께 떠오르는 이름과 이미지다.

1) 상품보다 사람이 먼저 팔리는 시대

같은 상품이라도 누가 판매하느냐에 따라 결과는 달라진다.

- ☑ 이름 없는 상품 → 가격 경쟁
- ☑ 신뢰 있는 브랜드 → 선택받음
- ☑ 영향력 있는 사람 → 자동 구매 발생

이 차이는 광고비가 아니라 신뢰에서 발생한다. 사람들은 제품을 사는 것이 아니라 신뢰를 구매한다.

2) 오너가 유명해지면 사업은 구조가 바뀐다.

회사가 알려지기보다 대표가 알려지는 순간, 사업 구조는 완전히 달라진다.

- ☑ 광고비가 줄어들고
- ☑ 고객 획득 비용이 적어지며
- ☑ 협업 기회가 늘어나고
- ☑ 시장 신뢰도가 빠르게 상승한다.

이는 규모가 작은 사업일수록 더욱 강력하게 작용한다. 사람들은 익숙한 브랜드를 선택하듯, 익숙한 사람을 신뢰한다.

3) 전문가가 돈을 벌지 못하는 이유

회사가 알려지기보다 대표가 알려지는 순간, 사업 구조는 완전히 달라진다.

- ☑ 광고비가 줄어들고
- ☑ 고객 획득 비용이 적어지며
- ☑ 협업 기회가 늘어나고
- ☑ 시장 신뢰도가 빠르게 상승한다.

실력 있는 사람이 반드시 돈을 잘 버는 것은 아니다. 이유는 단순하다. 알려지지 않았기 때문이다. 정보가 넘치는 시대에서 보이지 않는 전문성은 존재하지 않는 것과 같다. 반대로 전달력이 뛰어나고 신뢰를 형성한 사람은 전문성이 시장에서 가치로 전환된다. 능력은 기본 조건이다. 그러나 인지도는 가치를 확장하게 시키는 장치다.

4) 온라인 시대의 부는 '도달 범위'에서 결정된다.

오프라인 시대에는 위치가 중요했디. 좋은 상권, 좋은 입지, 많은 유동 인구가 매출을 결정했다. 지금은 다르다.

- ☑ 검색 노출
- ☑ 콘텐츠 도달 범위
- ☑ 구독자 기반
- ☑ 온라인 신뢰도

이 요소들이 새로운 상권이 되었다. 즉, 당신의 영향력이 넓어질수록 시장은 자동으로 확장된다.

5) 개인 브랜드가 만들어내는 수익 구조

브랜드가 형성되면 수익 구조는 단순 판매를 넘어 확장된다.

- ☑ 강의 및 컨설팅
- ☑ 콘텐츠 수익
- ☑ 출판 및 강연
- ☑ 협업 및 제휴
- ☑ 커뮤니티 기반 비즈니스

이는 노동 시간 대비 수익을 확장하게 시키는 구조다. 한 번 형성된 신뢰는 반복적으로 가치를 만들어낸다.

6) 브랜드는 거창한 시작이 아니라 일관성에서 시작된다.

브랜드는 단기간에 만들어지지 않는다. 그러나 복잡한 과정도 아니다.

- ☑ 한 분야에 집중하고
- ☑ 꾸준히 정보를 공유하며
- ☑ 일관된 메시지를 전달하고
- ☑ 신뢰를 기반으로 관계를 형성하는 과정

이 반복 속에서 브랜드는 자연스럽게 형성된다. 사람들은 완벽한 사람을 신뢰하는 것이 아니라 일관된 사람을 신뢰한다.

7) 왜 지금 개인 브랜드가 가장 강력한 자산인가?

기술과 플랫폼의 발달로 누구나 자기 생각과 지식을 전달할 수 있는 환경이 만들어졌다. 과거에는 대형 매체나 조직이 필요했지만, 지금은 개인이 직접 시장과 연결될 수 있다.

이 변화는 새로운 기회를 만든다. 지식, 경험, 관점, 문제 해결 능력은 모두 자산이 될 수 있다. 그리고 신뢰를 기반으로 전달될 때 그 가치는 더욱 확대된다. 좋은 상품을 만드는 것만으로는 부족한 시대다. 누가 만들었는지가 선택을 결정한다.

실력은 출발점이고, 신뢰는 확장 장치이며, 브랜드는 가치를 증폭시키는 구조다.

> 당신이 브랜드가 되는 순간,
>
> 당신이 하는 일은 더 멀리 도달하고
>
> 당신이 만드는 가치는 더 오래 남는다."

그리고 그때부터 돈을 벌기 위해 쫓아다니는 삶이 아니라, 기회가 당신을 찾아오는 구조가 만들어진다.

인맥이 아니라 환경을 설계하라

많은 사람들이 성공을 위해 인맥이 필요하다고 말한다.

그래서 모임에 참석하고, 명함을 교환하고, 더 많은 사람을 아는 것이 기회를 만드는 방법이라고 생각한다. 그러나 실제로 삶의 방향을 바꾸는 기회는 단순히 많은 사람을 아는 데서 생기지 않는다.

연결의 숫자는 중요하지 않다. 중요한 것은 어떤 흐름 속에 자신을 위치시키고 있는가다.

1) 인맥은 노력하면 누구나 만들 수 있다.

요즘은 사람을 만나는 것이 어렵지 않다.

- ☑ 온라인 커뮤니티
- ☑ 강의 및 세미나
- ☑ SNS 네트워크
- ☑ 오픈 채팅과 모임

마음만 먹으면 새로운 사람을 만나는 일은 얼마든지 가능하다. 그러나 단순한 만남이 삶의 방향을 바꾸는 경우는 드물다. 왜냐하면 기회는 연결의 숫자가 아니라 신뢰와 맥락 속에서 움직이기 때문이다.

2) 기회는 관계보다 '같은 방향'에서 생긴다.

삶의 방향을 바꾸는 기회는 대부분 비슷한 목표를 가진 사람들 사이에서 발생한다.

- ☑ 투자에 관심 있는 사람들 사이에서 정보가 공유되고
- ☑ 사업을 고민하는 사람들 사이에서 협업이 시작되며
- ☑ 전문성을 키우는 환경 속에서 성장 속도가 빨라진다

이는 단순한 인맥이 아니라 같은 방향을 바라보는 환경이다. 사람은 주변 환경의 평균값에 가까워진다.

3) 정보의 속도는 환경에서 결정된다.

같은 정보를 접하더라도 언제 접하느냐에 따라 결과는 달라진다.

☑ 늦게 알면 기회는 줄어들고

☑ 빠르게 알면 선택지가 넓어진다.

정보는 인터넷에 공개되어 있지만, 어떤 흐름이 형성되고 있는지는 현장에서 먼저 공유되는 경우가 많다. 좋은 환경 속에서는 정보가 뉴스가 되기 전에 공유된다.

4) 무료 관계보다 가치 교환 관계가 오래간다.

단순한 친분은 상황이 변하면 쉽게 멀어질 수 있다. 반면, 서로의 전문성과 경험을 공유하며 성장에 도움이 되는 관계는 오래 지속된다.

☑ 지식을 나누고

☑ 경험을 공유하며

☑ 서로의 성장을 돕는 관계

이러한 연결은 시간이 지날수록 신뢰를 축적한다. 관계는 호의로 유지되는 것이 아니라 가치 교환 속에서 깊어진다.

5) 당신의 위치가 기회를 결정한다.

사람은 자신이 위치한 환경에 영향을 받는다.

☑ 소비 중심 환경 → 소비 기준 강화

☑ 성장 중심 환경 → 도전 기준 강화

☑ 투자 중심 환경 → 기회 인식 강화

같은 사람이라도 어떤 환경에 속해 있는지에 따라 선택 기준은 달라지기 마련이다. 환경은 눈에 보이지 않지만, 삶의 방향을 결정하는 강력한 요소임에 틀림없다.

6) 네트워크는 넓이가 아니라 밀도다

수백 명을 아는 것보다 서로 신뢰하는 소수의 연결이 더 큰 가치를 만든다.

☑ 빠른 정보 공유

☑ 협업 기회 발생

☑ 위기 시 도움 가능

☑ 장기적 신뢰 축적

밀도 높은 네트워크는 시간이 흐를수록 강해진다.

7) 환경을 바꾸면 삶의 속도가 달라진다.

사람은 의지만으로 변화하기 어렵다. 그러나 환경이 바뀌면 행동 기준이 자연스럽게 달라진다.

- ☑ 목표를 이야기하는 사람들이 있는 환경
- ☑ 도전을 당연하게 여기는 분위기
- ☑ 성장을 공유하는 문화

이러한 환경 속에서는 변화가 특별한 일이 아니라 자연스러운 흐름이 된다. 많은 사람들은 인맥을 넓히려 노력하지만, 실제로 삶을 바꾸는 것은 어떤 환경 속에 자신을 두느냐이다. 연결의 숫자가 아니라 흐름 속 위치가 기회를 만든다.

> 같은 방향을 바라보는 사람들과 함께할 때
>
> 정보는 빨라지고
>
> 기회는 가까워지며
>
> 성장은 자연스러워진다."

그리고 그 환경 속에서 당신의 선택은 이전과 달라지기 시작한다.

부자가 되는 사람은
특별한 하루를 보내지 않는다.

많은 사람들은 성공한 사람들의 하루가 특별할 것으로 생각한다.

새벽에 일어나고, 엄청난 집중력으로 일하고, 끊임없이 자기 계발을 하는 모습이 부의 조건처럼 느껴진다. 그러나 실제로 자산을 축적한 사람들의 일상은 극단적으로 특별하지 않다.

그들의 차이는 하루의 강도가 아니라 반복되는 선택의 방향에 있다.

1) 부자는 결심으로 움직이지 않는다

대부분의 사람은 동기 부여가 강해질 때 행동을 시작한다. 하지만 감정은 오래 지속되지 않는다. 며칠 지나면 의지는 약해지고, 다시 익숙한 생활 방식으로 돌아간다. 반대로 자산을 만든 사람들은 결심에 의존하지 않는다. 대신 행동이 자동으로 이어지도록 구조를 만들어 둔다.

- ☑ 정해진 날짜에 자산 점검
- ☑ 정기적인 정보 확인 시간
- ☑ 반복되는 투자 루틴
- ☑ 소비 기준 유지

의지가 아니라 구조가 행동을 지속시킨다.

2) 매일 공부하지 않는다, 대신 흐름을 놓치지 않는다

성공하려면 매일 많은 공부를 해야 한다고 생각하기 쉽다. 그러나 중요한 것은 공부 시간의 양이 아니라 흐름을 놓치지 않는 것이다.

- ☑ 시장 변화 체크
- ☑ 정책 변화 인지
- ☑ 경제 흐름 이해
- ☑ 기회 신호 감지

짧은 시간이라도 꾸준히 흐름을 확인하는 습관이 장기적으로 큰 차이를 만든다.

3) 돈을 쓰기 전에 기준이 먼저 작동한다.

자산을 만든 사람들은 소비하지 않는 것이 아니라, 소비 이전에 기준이 먼저 작동한다.

☑ 이 소비가 삶의 만족을 높이는가?

☑ 자산 형성에 영향을 주는가?

☑ 반복 비용으로 이어지는가?

이 질문은 충동 소비를 억제하기 위한 장치가 아니라, 선택의 방향을 분명히 하기 위한 기준이다.

4) 기회를 기다리지 않는다, 준비 상태를 유지한다.

많은 사람들은 좋은 기회가 오면 시작하겠다고 말한다. 그러나 기회는 준비된 상태에서만 잡을 수 있다.

☑ 현금 흐름 점검

☑ 대출 여력 관리

☑ 투자 가능 자금 확보

☑ 정보 업데이트 유지

기회는 예고 없이 나타난다. 준비되지 않은 사람에게 기회는 지나가는 사건에 불과하다.

5) 비교 대신 기록을 활용한다.

다른 사람과 비교하면 방향을 잃기 쉽다. 대신 자신의 기준과 변화를 기록하는 습관은 성장 속도를 눈에 보이게 만든다.

☑ 자산 변화 기록

☑ 투자 판단 기록

☑ 실수와 교훈 기록

☑ 목표 대비 진행 상황 확인

기록은 감정이 아닌 데이터를 기준으로 판단하게 만든다.

6) 급격한 변화보다 지속 가능한 속도를 선택한다.

빠른 결과를 원하면 무리한 선택을 하기 쉽다. 그러나 자산을 만든 사람들은 급격한 도약보다 지속 가능한 속도를 선택한다.

☑ 감당할 수 있는 투자 규모

☑ 장기적으로 유지 가능한 계획

☑ 심리적으로 안정적인 속도

속도를 유지할 수 있어야 방향을 유지할 수 있다.

7) 포기하지 않는 것이 아니라 멈추지 않는다.

성공한 사람들은 특별히 강한 의지를 가진 것이 아니다. 대신 완벽하지 않아도 계속 움직인다.

- ☑ 작은 실패 후 수정
- ☑ 계획 조정
- ☑ 속도 조절
- ☑ 다시 실행

멈추지 않는 흐름 속에서 결과는 축적된다. 부자가 되는 사람들의 하루는 특별하지 않다. 그러나 반복되는 선택은 특별한 결과를 만든다. 결심이 아니라 구조가 행동을 만들고, 행동이 반복되며 기준이 만들어지고, 기준이 쌓이며 삶의 방향이 달라진다.

> 성공은 한 번의 도약이 아니라
>
> 수많은 작은 선택이 만든 궤적이다.
>
> 그리고 그 궤적은
>
> 오늘 하루의 선택에서 시작된다."

당신은 지금 탈출자가 되기를 원하는가?

필자는 요즘 들어 비슷한 말을 자주 듣는다.

"이 정도 자산 있으신데 이제 쉬어도 되는 것 아닌가요?"
"더 이상 애쓰지 않아도 되는 위치 아닌가요?"

사람들은 눈에 보이는 결과를 기준으로 삶의 속도를 판단한다. 일정 수준의 자산을 이루고 안정적인 기반을 갖추면, 그 지점이 마치 종착지인 것처럼 말한다.

지금 내 삶을 숫자로만 설명한다면, 많은 사람들이 목표로 삼는 위치에 와 있는 것이 사실이다. 강남 한강 변의 초고가 대형 아파트를 보유 실거주하고 있고, 국내 주식과 해외 주식, 그리고 가상자산 시장에서도 여러 차례 의미 있는 성과를 만들며 10배~20배 이상의 수익을 경험했다.

겉으로 보이는 결과만 놓고 보면 멈춰도 된다고 말하는 사람들이 있
는 것도 이해는 된다.

하지만 나는 이 지점에서 속도를 늦추고 싶은 마음이 전혀 없다. 오
히려 어떤 표현을 스스로에게 허락하는 것이 더 조심스럽다. "이제
나는 경제적 자유를 얻었다"거나 "더 이상 일하지 않아도 된다"라는
식의 오만한 말은 내 입에서 쉽게 나오지 않는다. 그 말속에는 끝났
다는 느낌이 담겨 있기 때문이다.

특히 가볍게 "파이어족이 되겠다"라는 말을 내뱉는 순간, 스스로의
긴장이 풀릴까 두렵다.

나는 재벌이 아니다. 그러나 객관적인 기준으로 보면 경제적 여유를
확보한 사람의 범주에 들어섰다고 말할 수는 있을 것이다. 그렇다고
해서 스스로를 완성된 위치에 두고 싶지는 않다. 세상에는 나보다 더
넓은 시야로 시장을 읽는 사람, 더 큰 자산을 움직이는 사람, 더 깊은
통찰로 변화를 만들어내는 사람들이 여전히 많다. 그 사실은 내가 더
큰 꿈을 위해 다시 움직이게 만든다.

여기까지 오는 과정이 특별했기 때문이 아니다. 다만 흐름을 외면하지 않았고, 기회를 보았을 때 물러서지 않았으며, 두려움 속에서도 한 걸음을 내딛는 선택을 반복해 왔다. 확신이 없는 순간도 있었고, 돌아가는 길을 택해야 했던 시간도 있었다.

그 모든 과정이 쌓여 결과로 이어졌을 뿐이다. 그래서 누군가에게 "나처럼 노력하라"고 말하고 싶은 마음은 없다. 사람마다 살아온 환경도 다르고, 감당해야 할 책임도 다르며, 선택할 수 있는 조건도 다르기 때문이다. 같은 방식이 모든 사람에게 정답이 될 수는 없다.

당신에게 거창한 결심을 요구하고 싶지는 않다. 지금 서 있는 자리에서 한 걸음 더 나아갈 수 있는 선택을 스스로에게 허락해 보기를 바란다. 속도가 느려도 괜찮고, 잠시 멈추어도 괜찮다. 중요한 것은 방향을 잃지 않는 것이다.

세상은 여전히 기회로 가득 차 있다. 다만 그 기회는 움직이는 사람 앞에서 모습을 드러낸다. 지금 당신의 위치가 어디에 있든 상관없다. 중요한 것은 지금부터 어디로 향할 것인가이다. 삶은 누군가 대신 뛰어 주는 경기가 아니다. 각자의 자리에서 직접 걸어가야 하는 여정이다.

이제 선택은 당신에게 있다.

머무를 것인가, 앞으로 나아갈 것인가.

나는 여전히 길 위에 서 있다.

그리고 당신 역시 이 여정을 시작할 수 있다.

부디, 이 게임에서 끝까지 남는 사람이 되기를 바란다.

그리고 결국,

당신은 가난에서 벗어난 승리하는

탈출자가 되기를 바란다.